NOTES SUR LE HARAR

PAR

M. ALFRED BARDEY

(Extrait du Bulletin de géographie historique et descriptive N° 1. — 1897)

PARIS

IMPRIMERIE NATIONALE

—

M DCCC XCVIII

NOTES SUR LE HARAR

NOTES SUR LE HARAR

PAR

M. ALFRED BARDEY

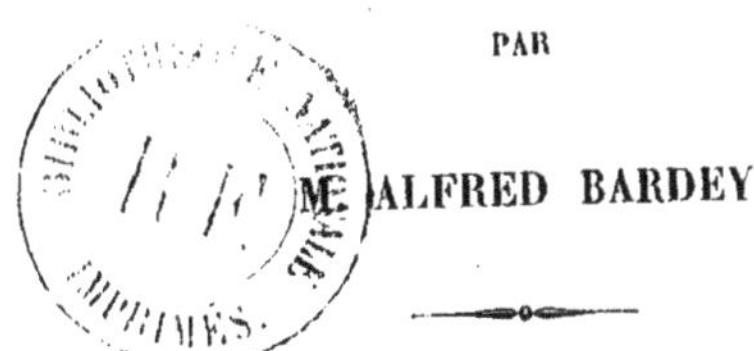

(Extrait du *Bulletin de géographie historique et descriptive* N° 1. — 1897)

PARIS

IMPRIMERIE NATIONALE

—

M DCCC XCVIII

NOTES SUR LE HARAR.

I. — JOURNAL DE ROUTE DE ZEÏLAH À HARAR.

Les routes qui vont à Harar sont toutes sur le territoire Issa. Quatre fois j'ai traversé ce pays dans toute sa longueur et à des saisons différentes. Il change entièrement d'aspect de l'hiver à l'été, et de la saison sèche à la saison pluvieuse.

Après les pluies de mars, il se pare de verdure : la plupart des grandes plaines se couvrent de très hautes herbes et les parties rocailleuses, de mousse; le mimosa, qui est l'arbre le plus répandu dans le Somal, est feuillu; des milliers d'animaux se répandent partout. Mais, dès qu'arrivent les mois de juin et juillet, tout se dessèche : les broussailles devenues rousses se confondent avec la teinte du sol. Les hautes herbes ont totalement disparu des plaines et ne se retrouvent que dans les vallées profondes et au pied des hautes montagnes de l'intérieur; le mimosa étend alors ses rameaux épineux sans feuilles.

Nature du terrain. — Le terrain du pays Issa est essentiellement volcanique. Dès les premières montagnes on voit très bien, des sommets, les formes d'anciens cratères ; plus loin, des coulées de laves lentement refroidies ont formé des faisceaux de colonnes comme d'immenses orgues.

Des blocs ovoïdes polis et bruns comme de l'airain se trouvent en quantité à certaines places. Bien des roches contournées, qui forment les montagnes, ont encore la forme et l'apparence du mouvement des matières en ignition.

Des masses de pierres coupantes désagrégées de ces roches, forment éboulis dans les ravins, enfin des sources d'eau très chaudes se rencontrent en divers endroits du pays.

Route du Harar. — La route principale qui mène au Harar en forme deux dans la première partie de son parcours.

Quittant Zeïlah on se dirige au sud. Route en plaine (banan). Terrain sablonneux, mais compact; touffes espacées de la courte brousse des bords de la mer.

Warambott. — Arrivée à Warambott, première station après 2 heures et demie de marche de chameau (kilom. 10). Quelques grands mimosas marquent la place de la station. Puits de 1 à 2 mètres de profondeur; à quelque distance un lit de rivière à sec. Des centaines de *kangas* (sorte de perdrix) et de tourterelles viennent s'abreuver aux puits; de petits sangliers à tête large et à grosses défenses sortent le soir des brousses qui bordent la rivière de sable. A l'un de mes passages, il s'en trouvait deux noyés dans un des puits.

Avant de quitter Warambott, il faut bien remplir les guerbes (outres) d'eau et veiller à ce que le liquide ne soit pas gaspillé, car, pendant trois ou quatre étapes (20 heures de marche en totalité) à travers la plaine de Mandaö (mot qui signifie « fou qui s'arrête »), on n'en trouvera pas.

Warambott à Ansa. — Mise en route de préférence à 2 heures de l'après midi pour camper une première fois après 6 heures de marche. Repartir à minuit, halte à 7 heures du matin.

Jusque-là la route a été droite sur la plaine unie; on contourne seulement en marchant les touffes de hautes herbes et quelques arbustes espacés. Nombreuses gazelles plutôt petites, quelques antilopes et de grandes outardes. Sur la droite, à quelques kilomètres, une montagne isolée dans la plaine.

Départ à midi. Après deux heures de marche, le terrain commence à s'élever en longues ondulations et devient pierreux.

L'inclinaison est de plus en plus sensible. On monte vers le pied d'une chaîne de montagnes qui part du fond de la baie de Tadjourah, traverse les territoires Issa et Gadi Boursi et vient former la chaîne côtière près de Boulaar et Berberah.

On arrive enfin à Ansa.

Depuis la dernière station, les guerbes ont été vidées. Deux heures avant d'arriver à la station, les chameaux, qui n'ont pas été abreuvés depuis Warambott, accélèrent l'allure. La soif rend également agiles chameliers et chargeurs, qui pour la plupart abandonnent leurs animaux pour courir aux puits creusés dans la rivière d'Ansa et s'y jeter.

J'ai donné les heures de départ des trois étapes, parce que ce sont les meilleures pour traverser le plus rapidement possible la grande plaine de Mandaö. Quelques heures de retard peuvent mettre une caravane dans une situation critique ; les chameaux affaiblis pourraient périr de soif.

Quand les herbes sont hautes, il est facile de s'égarer dans l'immense plaine de Mandaö. Je fis mon deuxième voyage dans la compagnie de Mᵍʳ Taurin, qui pour la première fois se rendait au Haar ; plusieurs missionnaires s'éloignèrent du gros de la caravane et s'égarèrent. J'avais des fusées Saint-Hubert que je lançais, leur explosion dans la nuit servit de signal et rallia tout le monde.

Ansa. — Altitude, 300 mètres environ, à 80 kilomètres de Warambott. On campe sur un petit promontoire élevé qui domine une vallée assez accentuée qui descend de la chaîne de montagnes s'étendant en panorama à droite et à gauche. Au fond de la vallée, dont les bords très élevés forment falaise, est une rivière dirigée vers le Nord-Est ; l'eau y coule en torrent après les orages et en étroits filons à découvert pendant la bonne saison. En temps de sécheresse, on ne trouve de l'eau qu'en creusant des puits au fond du lit de sable où elle est cachée à l'abri de l'évaporation.

Le fond de la vallée, formé d'alluvions, est malsain ; les émanations y donnent des fièvres. Les Somalis n'y descendent que pour prendre de l'eau, ils campent sur les hauteurs.

A Ansa, après la dure traversée de la plaine de Mandaö, deux jours de repos pour les chameaux sont nécessaires.

D'Ansa à Las Maanh. — 5 heures et demie de marche (22 kilom.). Terrain difficile à la marche pour les chameaux, qui doivent quelquefois mettre les pieds dans des trous de rochers pour les escalader. On traverse d'abord plusieurs gorges étroites pour aboutir à un plateau rocailleux, Las Maanh (puits du Combat) ; altitude environ 500 mètres : puits dans le lit d'une rivière de sable.

A l'un de mes voyages, j'ai parcouru à cheval toute la route que je viens de décrire, accompagné d'un seul Somali, de Las Maanh à Zeïlah, soit 110 kilomètres en 34 heures y compris 4 heures de repos à Ansa. Au milieu de la plaine de Mandaö, je tombai dans un campement Somali. Sur les conseils de mon compagnon, je tirai deux coups de feu en l'air qui intimidèrent les gens du campement; nous mourions de soif, ils nous donnèrent de l'eau, mais on refusèrent à mon cheval. La nuit suivante, le cheval, le Somali et moi, harassés de fatigue, nous nous étendîmes dans la plaine pour dormir. Je fus réveillé par un bruit de pas sur la terre; des Issas, appuyés sur leurs lances, nous regardaient. Il est probable que, si je ne m'étais réveillé à temps, plus d'un n'aurait pas résisté au désir d'acquérir le droit à la plume blanche en m'assassinant.

Dans cette plaine de Mandaö furent d'ailleurs massacrés, il y a quelques années, des Pères de la mission de Harar et des marchands grecs.

Las Maanh à Samadou. — 4 heures et demie de route (18 kilom.). Terrain toujours pierreux; puis larges vallées, creusées par l'action érosive des eaux, qui s'élargissent en formant plaines. A la bonne saison, bons pâturages et nombreux villages nomades; à droite et à gauche, des plateaux d'une hauteur uniforme, indiquant le niveau de l'ancien sol.

Les pentes sont celles de terrains qui s'éboulent. Pendant un instant, on suit une rivière sèche que l'on coupe même en deux endroits; à la droite de la rivière, en suivant la route, se trouve un massif de coulées de lave semblables à des orgues.

Samadou. — (Pays noir); nommé ainsi à cause de la couleur du terrain et des roches volcaniques avoisinantes.

Puits dans la rivière de sable. .

Altitude, 700 mètres environ.

Ruines d'un petit poste égyptien que ne laissèrent jamais subsister les Issas, dès que les soldats qui l'occupaient s'en allaient.

Samadou à Arouïn. — 5 heures trois quarts de marche (23 kilom.). Les vallées d'érosion continuent pendant les premières heures, s'élargissant toujours en steppes herbeux, mais qui ne tardent pas, à mesure que l'on s'avance, à devenir rocailleux, couverts de brousse et de rares et maigres mimosas nains.

Arouïn. — Altitude, 800 mètres, une montagne isolée, de forme bizarre, est auprès de la station; sur la gauche de la route, on voit une rivière sèche allant au Nord. J'avais traversé cette rivière à sec pour chasser, quand survint un orage. A mon retour, la rivière coulait en torrent, et je faillis être emporté par les eaux.

Les puits se trouvent dans la rivière.

Arouïn à Biokaboba. — 5 heures (20 kilom.). Terrain ondulé durant les premières heures, passage rapide d'un petit col après lequel s'ouvre une large vallée en forme de plaine.

Tombeaux somalis. — On voit ici, comme sur toute la route, d'ailleurs, de nombreux tombeaux somalis. Ce sont de simples places marquant les endroits où les guerriers sont enterrés ; des pierres droites plantées autour indiquent le nombre d'ennemis que le guerrier a tués dans les combats, les grandes désignent les cavaliers, les petites les piétons. A voir la quantité qui entoure chacun des tombeaux, il n'y a que des braves chez les Somalis, ce que je crois exagéré.

Biokaboba. — (Eau excellente.) Altitude, 900 mètres. Comme l'indique le nom de l'endroit, on trouve de l'eau excellente dans les puits d'un large lit de rivière qu'il faut traverser pour arriver à la station.

Chacune des deux rives est couverte d'une forêt longitudinale et étroite de grands arbres épineux, et aussi d'autres espèces se reproduisant par les branches qui retombent sur le sol et s'y enracinent. Des lianes relient les fourrés ; du milieu de la rivière on dirait un gigantesque boulevard.

Beaucoup de fauves, parce qu'il y a beaucoup de gazelles et d'antilopes dans le voisinage. Grands lézards d'un mètre et demi de long, grossés tortues de terre, outardes, marabouts, etc.

La bonne eau et le voisinage de bons pâturages attirent de nombreux troupeaux. Pour les sauvegarder des bêtes féroces, les Somalis les parquent dans des enceintes rondes faites d'amas de branches épineuses. Ces haies circulaires ont jusqu'à 2 mètres d'épaisseur et 1 m. 50 de hauteur ; un étroit passage permet aux animaux de passer un à un ; un paquet d'épines sert de porte. Autour de ces parcs, des feux sont allumés pendant la nuit.

Biokaboba est à mi-chemin de la route de Zeïlah à Harar. Cette station, de beaucoup la meilleure de toute la route, est établie au pied de trois petites collines ; sur l'une d'elles est une petite construction, tombeau d'un cheick vénéré.

A Biokaboba, mon abban m'ayant signalé deux loueurs de chameaux qui avaient fait disparaître les charges qu'on leur avait confiées et caché leurs animaux pour s'enfuir avec le tout pendant la nuit, je les fis arrêter au moment où ils allaient partir.

Les six Arabes d'Yémen que j'avais engagés pour mon escorte, gens tout à fait étrangers au pays et encore moins que moi au courant de ses usages, attachèrent brutalement les deux voleurs pour les livrer au pacha de Harar quand nous y arriverions.

A 10 heures du soir, nous fûmes soudainement attaqués et chargés par nos propres loueurs de chameaux et par des gens du pays accourus qui exigeaient la liberté des deux prisonniers. Nous arrêtâmes le mouvement en sautant sur nos fusils et en tirant quelques coups de feu en l'air; mais nous dûmes rester sur la défensive jusqu'à 4 heures du matin. Après une longue discussion, nous finîmes par nous entendre : les usages du pays, basés sur le talion, ne nous accordaient rien autre que la possession des animaux comme indemnité du vol commis. Je refusai naturellement cette indemnité. Pendant deux jours, les deux voleurs se tinrent près de moi de leur propre gré; le matin ils venaient d'eux-mêmes se montrer, prenant mes mains et voulant les embrasser, faisant acte de la plus entière soumission. Le troisième jour, ils disparurent et je fis semblant de ne pas m'en apercevoir.

Autre route de Zeïlah à Biokaboba. — J'ai dit qu'il y avait deux routes de Zeïlah à Biokaboba : je viens de décrire la première.

La seconde se dirige de Zeïlah sur Tocochah, à 5 kilomètres Ouest, sans quitter la mer de vue.

Tocochah à Ambos. — 10 heures de route en deux étapes (40 kilom.) : les cinq premières heures en plaine, les six dernières en terrain accidenté et difficile aux chameaux par suite de la quantité de pierres coupantes provenant d'éboulis qui se renouvellent sans cesse.

Ambos à Abassouïn. — Ambos, grande station; eau et pâturages avoisinants. Bifurcation des routes sur le Choa et sur le Harar.

Ambos à Abassouïn, 12 heures (48 kilom.), en trois étapes.

Terrain toujours difficile et rocailleux. On traverse plusieurs petits lits de rivière, torrents étroits qui coulent assez souvent à découvert.

Abassouïn à Las Wardick. — 11 heures (44 kilom.) en quatre étapes. Route pierreuse à travers des gorges étroites : on coupe encore des lits de rivière du régime torrentiel.

Las Wardick à Dagago. — 4 heures et demie (18 kilom.). Terrain toujours rocailleux, encaissé et couvert d'éboulis.

Dagago à Biokaboba. — 4 heures (16 kilom.). La route est encore rocheuse et pierreuse, mais le terrain devient plus ferme et moins accidenté. A mesure que l'on approche de Biokaboba, les éboulis disparaissent.

Je ne puis donner de plus amples détails sur cette route, car je ne l'ai parcourue qu'une seule fois, voyageant en courrier et surtout la nuit. Je mis deux jours et demi à raison de 14 heures de cheval par jour au pas, ce qui équivaut à 17 ou 18 heures de chameau chargé.

Pour résumer la différence des deux routes, je dirai que celle de Zeïlah à Biokaboba par Ambos est difficile à la marche des chameaux, mais on trouve toujours de l'eau à toutes les stations.

Celle de Zeïlah à Biokaboba par Ansa est plus facile et plus directe, mais son désavantage est la traversée de la grande plaine de Mandaö sans eau.

Biokaboba à Ali-Bini. — 3 heures et demie de marche (14 kilom.). La route est encore dure et un peu pierreuse, mais absolument plate. Altitude, 900 mètres environ.

La station est au pied de deux collines rocheuses ; l'eau se trouve dans un creux de rocher, formant citerne naturelle à découvert, où elle se conserve assez longtemps.

Ali-Bini à Dahelimalé. — 4 heures (16 kilom.) en plaine, tantôt herbeuse et légèrement sablonneuse, tantôt pierreuse et couverte de brousse. Les chameaux, sans s'inquiéter des sentiers, se dirigent en ligne droite dans une direction Sud-Ouest : dans le lointain et en avant apparaît distinctement une grande chaîne de montagnes, allant de l'Est à l'Ouest, deux pics jumeaux de plus de 3,000 mètres d'altitude se détachent des sommets. Ils indiquent la direction du Harar, qui se trouve exactement derrière ces pics ; mais, comme il faudra passer la chaîne par une vallée et un col qui se trouvent un peu à l'Ouest, on suit une direction de 15 degrés Ouest de la ligne visuelle allant aux pics.

Depuis Ali-Bini on est dans la grande plaine de Dahelimalé appelée aussi le Banan-Herer, « plaine de Herer ». Quand souffle le vent, de légères, mais très hautes trombes de sable s'élèvent régulièrement alignées. Elles se déplacent lentement; bien plus larges au sommet qu'à la base, elles sont si ténues que leurs formes ne sont visibles que de loin : à mesure qu'on s'en approche, elles ne paraissent plus être qu'un léger brouillard. Elles n'offrent aucun danger. Quand souffle le grand et brûlant vent (dobaïl-ouenah) de Sud-Ouest, d'épais nuages de sable s'élèvent.

Trombes de sable. — Dans la plaine et à perte de vue, de nombreux nids de termites sont assez régulièrement espacés. Ces monticules de terre rouge, de 3 à 4 mètres de hauteur et de 2 à 3 mètres de diamètre, donnent à la plaine un vague aspect de champs après la coupe, alors qu'on y place les meules de paille ou de fourrage.

La plaine de Dahelimalé a 900 mètres d'altitude; elle a une inclinaison sensible vers le Nord-Ouest.

J'y fus surpris par un orage violent et une pluie torrentielle pendant le mois de septembre. En moins d'une demi-heure les chevaux eurent de l'eau jusqu'aux genoux. Les souches des touffes d'herbes qui formaient monticules disparurent les unes après les autres dans l'inondation générale. Telle était la violence du courant vers le Nord-Ouest qu'elles furent toutes couchées dans cette direction. L'action de la marche des eaux se faisait sentir même sur les chameaux et les chevaux qui se campaient pour y résister.

Les Somalis, après s'être dépouillés de leurs tobes, les roulèrent en paquets et les placèrent sur leurs têtes où ils les abritèrent de leurs petits boucliers, puis ils se firent un appui de leurs lances plantées dans le sol.

Dahelimalé. — On campe au milieu de la plaine. La station est sans puits.

Dahelimalé à Kotto. — 4 heures de marche (16 kilom.) toujours dans la plaine; on arrive enfin à un lit de rivière, direction Nord-Ouest, derrière lequel est la station.

Il y a environ dix ans, un Grec, Lazard Caralambo, fut assassiné par les Issas au passage de cette rivière sèche.

Altitude 85o mètres environ. On campe au pied d'un plateau. Puits dans le lit de la rivière.

Je me souviens qu'à cette station mon abban avait engagé quelques nouveaux loueurs et leurs chameaux pour remplacer les disparus et quelques animaux trop fatigués.

Le soir, à la fermeture du camp, je lançai comme d'habitude à l'aide de mon fusil quelques fusées Saint-Hubert. Les derniers chameliers arrivés, saisis de terreur, se précipitèrent à genoux, tenant leurs têtes entre leurs mains. Il fallut quelques instants aux Somalis déjà habitués à ces projections de feux pour les rassurer en leur disant qu'elles n'étaient produites que pour écarter les rôdeurs du dehors. J'ai la conviction que, si l'on donnait aux soldats que l'on envoie combattre dans les régions africaines quelques fusées cartouches, on éviterait bien des surprises de nuit même des indigènes habitués aux armes à feu.

Les indigènes, quand ils veulent surprendre, se soucient peu de quelques coups de feu que l'on tire de temps en temps pendant la nuit. Ils craignent au contraire la traînée de feu et l'effet d'éclats de la fusée.

Kotto à Odzi. — 2 heures et demie (10 kilom.). Ascension très pénible du versant qui mène au plateau d'Odzi; passage difficile pour les chameaux. De grosses roches basaltiques (bombes volcaniques), semblables à d'énormes blocs de fonte arrondis et polis, encombrent le passage. Ces blocs très nombreux paraissent avoir été lancés de très loin par des volcans aujourd'hui éteints, car on ne voit pas dans le voisinage de roches aussi foncées que la nuance de ces bombes.

Odzi. — Altitude, environ 1,100 mètres. On ne s'arrête ordinairement pas à Odzi au bord du plateau de ce nom. Cette station m'a laissé un sanglant souvenir; des chameaux retardataires d'une de nos caravanes furent arrêtés par les Somalis de la tribu de Wardick. Un des quatre Soudanais armés de fusils remington que le pacha m'avait donnés comme escorte tira sur eux. La même balle tua deux hommes, traversant le premier; les autres s'enfuirent. L'action fut si prompte que je ne pus l'empêcher; pendant trois étapes nous fûmes suivis à distance par des centaines de Somalis que la crainte de nos armes, seule, empêcha de nous assaillir.

Ils tentèrent cependant de nous arrêter une heure avant d'arriver à une station. Un vieillard, appuyé sur son long bâton de pasteur, ayant à ses côtés deux guerriers armés de leurs lances, se plaça au milieu du sentier, barrant la route à notre convoi qui depuis l'événement marchait très compact, la longe de chaque chameau attachée du nez à la queue du précédent. A 200 mètres environ, plusieurs centaines de Somalis en arrière, attendaient le résultat de la rencontre.

Je refusais d'arrêter dans de pareilles conditions, persuadé que les choses se compliqueraient au lieu de s'arranger. J'écartai le vieillard et ses compagnons, lui faisant dire qu'ils pouvaient venir discuter s'ils le voulaient à la station. Toutes précautions prises et recommandations faites pour éviter de nouveaux malheurs, je les reçus. Ils apportaient trois moutons en signe de paix, mais exigeaient que le prix du sang fût payé ou que le soldat leur fût livré. J'arrivai à leur faire comprendre que cette dernière condition n'était pas dans nos habitudes. Ils réclamèrent alors soixante bœufs par homme tué qui, disaient-ils, étaient des chefs importants. Je leur fis répondre qu'ils devaient s'adresser au pacha de Harar qui avait donné des ordres aux Soudanais pour la route, et que ceux-ci dépendaient seulement de lui : ils se retirèrent sans dire ce qu'ils feraient. A la nuit, je délogeai d'un repli de terrain, voisin du campement, deux des réclamants qui s'y étaient certainement cachés avec des intentions de vengeance. Je n'eus pas besoin de recommander à tout notre monde de bien se garder : depuis Odzi, la moitié des Soudanais, des loueurs de chameaux et des chargeurs veillait, quand l'autre moitié dormait.

Nous pûmes arriver au but de notre voyage sains et saufs. Plus tard, ils réclamèrent au pacha de Harar, mais celui-ci leur répondit qu'il avait donné ordre aux hommes d'escorte de tuer quiconque tenterait d'arrêter les caravanes, et qu'une autre fois au lieu de deux hommes on en tuerait beaucoup.

Je crois qu'ils ne furent pas satisfaits de la réponse, mais ils ne m'en voulurent aucunement, car je retraversai quelques mois plus tard les mêmes parages sans accident.

Odzi à Boussa. — 3 heures et demie (14 kilom.) ; continuation du plateau. Le terrain est ondulé et rocailleux ; cependant, en raison de l'altitude et du voisinage des montagnes, les arbres deviennent plus grands et plus nombreux, mais c'est toujours le mimosa épineux qui domine.

Boussa à Gresley. — 4 kilomètres. Même nature de terrain que précédemment, mais on descend un peu jusqu'à Gresley. Quand on engage les chameaux à Zeïlah, il faut bien établir qu'ils devront vous conduire jusqu'à Geldeïssa, station après Gresley, d'où l'on va facilement au Harar : sans quoi les chameliers Issas, qui ont toujours peur de difficultés sur les territoires qui confinent aux autres tribus, vous abandonnent. Les difficultés pour poursuivre la route sont alors assez grandes.

Avant d'arriver à la station, on traverse une rivière qui coule déjà plus fréquemment que celles du bas Somal.

Des moustiques venimeux dont la piqûre donne la mort infestent à certaine saison, le passage. Un jour avant d'y arriver, les Somalis absorbent la grosseur d'une noix d'une sorte d'*assa fœtida* qui, en les infectant, les met à l'abri des piqûres ; je m'étais procuré de cette drogue, mais je n'en pris pas.

Jamais les Somalis ne boivent de l'eau de la rivière de Gresley et ils ne campent qu'à quelques centaines de mètres de ses rives.

Arto. — Gresley passé rapidement, on arrive un quart d'heure après à Arto, où l'on campe au pied d'une montagne en forme de pain de sucre et sur une petite plate-forme qui domine une large rivière de sable où quelques filets d'eau coulent à découvert presque en toutes saisons.

Du pied de la plate-forme et sur les bords mêmes du lit de la rivière qui coule à l'Ouest jaillit une source d'eau très chaude.

L'eau sourd continuellement du sol par des trous de 1 à 3 centimètres de diamètre : à sa sortie elle est presque bouillante, sa température est assurément proche de 80 degrés. Elle laisse un dépôt rougeâtre qui, à force de s'amonceler, a formé autour des trous comme des baignoires naturelles. A cette eau légèrement acidulée, et que je crois nitreuse, les indigènes attribuent de grandes vertus médicales. Les malades viennent quelquefois s'installer à Arto pour y faire une cure de bains chauds.

Une pauvre fille somalie, couverte de boutons de variole, était accroupie sur les sables de la rivière, du côté du campement où s'écoule l'eau de la source chaude, tandis que de l'autre côté et dans le même lit s'écoule l'eau après des pluies.

La nuit venue, elle fut dévorée par les hyènes, malgré notre voisinage, et le lendemain on ne retrouva que son tobe ensanglanté et quelques poignées de cheveux au milieu d'une grande place rouge de sang. Je m'attendais peu à ce dénouement tragique, que je n'appris que le lendemain en voyant le théâtre du drame.

Je reprochai aux Somalis leur cruauté, mais ils répliquèrent que, puisqu'elle devait mourir de sa maladie, il valait autant que ce fût ainsi : même lorsqu'il s'agit de leurs proches parents, j'ai toujours remarqué leur indifférence de la vie des autres et leur manque de sensibilité à leurs souffrances.

Arto à Geldeïssa. — 4 heures (18 kilom.) de terrain plat et très couvert.

Après avoir traversé le lit de la rivière, on entre sous le couvert qui s'épaissit à mesure que l'on avance. Les fauves y pullulent; aussi, à certains passages, le sentier est-il tracé entre deux haies d'épines accumulées par les indigènes pour empêcher les bêtes féroces d'enlever des animaux de leurs troupeaux quand ils passent. C'est en quittant Arto et en entrant dans la forêt que la mission du comte Porro, composée de cinq ou six Italiens, fut massacrée.

Entre Gresley et Geldeïssa se trouve la limite du territoire somali. Cette zone est très contestée, parce qu'elle contient quelques pâturages salés convoités par les Somalis et les Gallas (plus exactement Oromos). A la saison très chaude, en raison de l'altitude et de l'humidité causée par les ruisseaux qui s'écoulent des montagnes voisines, il y a toujours de l'herbe pour les troupeaux dans cette région. Cette raison attire les Somalis. Les querelles et les rivalités entre Somalis et Gallas et même simplement entre familles de la même tribu naissent de ce rapprochement; les rapts, les vols, les meurtres s'ensuivent et la guerre ne tarde pas à ensanglanter le pays.

Jusqu'à Geldeïssa la forêt devient de plus en plus épaisse et de grosses lianes entrelacent les arbres. A certaines places, les eaux forment marécage; aussi les sangliers à tête large et à grosses défenses sont-ils très nombreux. Dans le voisinage se voient aussi très fréquemment des traces du passage des éléphants.

Geldeissa. — De Geldo « singes »; altitude, 1,100 mètres.

Geldeïssa est au pied du grand massif qui sépare Harar du Somal.

On campe sur la rive un peu élevée d'une rivière qui descend du massif dans la direction du Nord; elle coule presque en tout temps.

Une grande zeribah, enceinte de pierres, a été construite par les Égyptiens pour mettre les caravaniers, leurs marchandises et leurs animaux à l'abri des rôdeurs du dehors et des fauves.

La station est très malsaine à cause des émanations pestilentielles qui s'élèvent de la forêt marécageuse. Les Égyptiens y avaient un poste permanent; ils finirent par l'abandonner à certaines saisons, car ils perdaient trop de monde des fièvres.

J'ai assisté à Geldeïssa à une escarmouche de guerre entre Somalis et Gallas. Quelques cavaliers gallas passèrent soudain, au grand galop de leurs chevaux, au milieu du lit de sable de la rivière. Ils s'arrêtèrent à 100 mètres environ de la centaine de Somalis qui faisaient partie de ma caravane et les insultèrent en levant leurs lances d'une façon provocatrice; puis s'enfuirent à toute vitesse dans la direction des montagnes, peu soucieux d'attendre la réponse de mes hommes. Ceux-ci, après avoir prudemment laissé aux Gallas le temps de prendre une bonne avance, poussèrent le cri de guerre et s'élancèrent en courant à leur poursuite. A deux cents mètres, la moitié seulement continuait à courir; cent mètres plus loin, il n'en restait pas vingt, et enfin un seul entrait dans le terrain couvert, où les Gallas avaient disparu pour en ressortir aussitôt.

De part et d'autre, il y avait eu grand désir de se montrer brave, mais aucune velléité d'en courir les risques.

C'est à Geldeïssa que je rencontrai, à mon premier voyage, une caravane d'esclaves qui venait de Faré et allait à Tadjourah. Elle était composée de trois cents personnes environ, jeunes filles pour la plupart, des tribus gallas de l'intérieur.

Arrivées à la côte, ces jeunes filles sont embarquées sur des samboucks du golfe d'Aden et, en apparence, comme femmes des matelots arabes ou somalis: arrivées de l'autre côté de la mer Rouge, elles sont vendues. Plusieurs de ces samboucks ont été capturés dans le golfe.

C'est avec raison que Geldeïssa est nommé le « pays des singes », car on en voit des quantités. Réunis comme des tribus, défilant en longues théories derrière les rochers ou encore dissimulés derrière les broussailles, ils regardent, sans trop s'effrayer, passer les caravanes. La plupart sont de grands cynocéphales à grosse fourrure formant perruque sur la tête.

Gallas. — A partir de Geldeïssa on est chez les Gallas ou Oromos. Galla est une expression qui signifie « hommes sauvages, hommes nus » : et les Gallas des environs de Harar s'en défendent si bien qu'ils l'appliquent eux-mêmes aux Oromos, qui sont encore moins civilisés qu'eux.

Nolchs-Gallas. — La tribu galla qui se trouve entre Geldeïssa et le Harar est celle des Nolchs. Elle est très hospitalière aux étrangers, car elle tire bon profit de la location de ses chameaux et de ses bourricots aux gens qui trafiquent avec le Harar.

On s'engage dans le lit de rivière qui descend des montagnes et passe à Geldeïssa, et, tantôt sur une rive, tantôt sur l'autre, on le remonte. Devant soi, le massif montagneux se dresse, infranchissable en apparence. Il est essentiellement volcanique et le sentier des caravanes traverse des passages très difficiles, au milieu de laves et de roches violemment contournées, matières en ignition qui ont été brusquement solidifiées.

Cheikcherby Bellaouah. — En quelques heures on s'élève très rapidement à Cheikcherby, puis à Bellaouah. Les premiers villages sédentaires apparaissent; ils sont composés de petites maisons rondes (guimbis) à toits coniques de roseaux serrés ressemblant à des ruches. Leur mur circulaire est fait de claies des mêmes roseaux enduits de boue séchée ; une seule ouverture est fermée par une planche de bois de kolkonal grossièrement taillée et à deux bouts pointus sur l'un des côtés pour former pivot.

Au sommet du toit pointu de chaque maison, une cruche en poterie, enfilée sur un pignon, sert à conjurer les maléfices.

Villages gallas. — Pittoresquement placés sur de petites plates-formes étagées dans la montagne couverte d'arbres immenses, et non loin de ruisseaux toujours coulant, ils font un heureux contraste avec l'aride Somal que l'on vient de quitter.

A Bellaouah je logeai chez Hadji-Ameur, le personnage le plus important du pays, qui était aussi mon abban et me fournissait depuis Geldeïssa les chameaux ou bourricots dont j'avais besoin.

Dans l'unique salle ronde du guimbi étaient réunis les gens, les vaches, les bœufs, les mulets, les chèvres et les moutons. Un petit mur de terre de deux pieds de hauteur constituait la seule séparation de l'écurie. Une plate-forme un peu élevée sur laquelle des peaux de bœufs séchées étaient étendues, poil en dehors, servait de couche à toute la famille et même aux étrangers, car j'y fus admis.

On fit du feu, mais, comme la fumée n'avait pas d'autre issue que la porte et un petit trou percé dans le mur, au-dessus du foyer, je ne tardai pas à étouffer littéralement, pendant que les yeux me cuisaient et pleuraient abondamment. Les Gallas, mes hôtes, n'en paraissaient pas incommodés. Aussi l'intérieur de leurs maisons est-il noirci comme le fond d'une cheminée et tous leurs ustensiles sentent-ils affreusement la fumée. Il est impossible de boire du lait ou de manger n'importe quoi de leur cuisine qui n'ait pas ce goût à l'excès.

Je mangeai du mouton bouilli à la façon galla que je saupoudrai de piments secs pilés et de très peu de sel (cette denrée ayant alors une grande valeur au Harar), et des galettes molles de farine de dourah, cuites sur des plaques de fonte rondes et bombées.

Les Gallas, au contraire des Somalis nomades, sont cultivateurs et établissent leurs habitations auprès de leurs champs ; la principale culture est celle du dourah (sorgho). La vie des gens de Bellaouah est celle de paysans pauvres qui ne travaillent que juste pour leurs besoins. A mon passage, des jeunes gens battaient en cadence et en chantant le dourah avec des fléaux sur une aire très propre de terre sèche.

Bellaouah à Égon. — De Bellaouah à Égon on monte toujours.

Le sentier s'élève en zigzags sur le versant très raide du massif recouvert à cet endroit d'arbres superbes et immenses, assurément bien des fois centenaires.

Enfin l'on atteint le col d'Égon qui débouche sur le plateau du même nom. Mon baromètre anéroïde marqua plus de 7,500 pieds anglais, environ 2,300 mètres.

En se retournant, on voit le Somal à 1,200 ou 1,300 mètres

au bas du massif. Le pays Issa est en face, et le Gadi Boursi plus à l'est.

Du haut d'Égon, le Somal apparaît comme une immense lande jaunâtre parsemée de masses de roches rousses très détachées les unes des autres. De petites bandes vertes, bordures de rivières sèches, indiquent les lignes d'écoulement des eaux.

Égon est le plus bas col de la région pour les routes qui vont de la côte au Harar. Les sommets des montagnes du massif, notamment ceux des deux pics jumeaux qui servent de direction aux caravaniers depuis Biokaboba, et que la route contourne en les laissant à gauche, atteignent assurément 3,000 mètres, sinon plus.

Le Kondoudo, grande montagne plate qui est directement à l'est, a plus de 3,500 mètres de hauteur.

Une zone de pins rouges se voit fréquemment entre 2,500 et 3,000 mètres, car il fait souvent froid à Égon et dans le voisinage. La nuit que j'y passai, le thermomètre marqua seulement + 2 à 3 degrés, mais, la journée, la température s'éleva jusqu'à 22 degrés. Elle y monte assurément, comme dans toutes les régions équatoriales, à 40 degrés.

Dans le pays Issa, toujours chaud et sec, l'étranger porte habituellement des vêtements de coton; il est absolument nécessaire de les changer à Geldeïssa, avant de faire l'ascension du massif d'Égon, contre des vêtements de flanelle ou de drap. Ceux qui n'ont pas cette précaution sont souvent atteints par la dysenterie occasionnée par le changement brusque de température, et cela d'autant mieux que je crois toutes les eaux de la région du Harar nitreuses et par suite plus ou moins purgatives.

Il est assez difficile de guérir vite de la dysenterie au Harar. Le meilleur traitement consiste à retourner en bas des montagnes, dans le pays somali, où généralement quelques jours suffisent à la guérison.

A partir d'Égon la route redescend sur le Harar, mais d'abord très lentement. Égon est un large plateau herbeux où paissent les bœufs et les chevaux, dont on fait l'élevage; les juments portent au cou des clochettes de bois; les bœufs sont à bosse et il y en a d'assez grands dont le poids atteint 400 à 500 kilogrammes. Les chevaux sont bien plus grands que dans le Somal; il s'en trouve d'assez jolis et ils sont en général résistants, tant qu'ils restent dans la région montagneuse.

Les Guerrys qui sont à l'est du plateau d'Égon peuvent fournir, dit-on, 25,000 cavaliers, mais je crois ce chiffre bien exagéré. A mesure que l'on avance, les cultures deviennent plus nombreuses : les champs assez réguliers et bien défrichés alternent avec les prairies de hautes herbes presque toujours vertes et que l'on ne coupe jamais. Après les pluies, les prairies sont marécageuses, et de grands échassiers y arrivent par milliers.

La route passe souvent entre deux haies de kolkouals, arbres de l'espèce des cactus, qui se dressent comme des candélabres jusqu'à 7 ou 8 mètres de hauteur.

A mesure que le terrain continue à descendre sur le Harar, il ondule en collines successives; les villages deviennent plus nombreux; des files de jeunes femmes et de jeunes filles enveloppées jusqu'aux seins dans des robes de peaux à franges ou dans des cotonnades et portant sur leur tête des calebasses remplies de beurre, de miel ou de graisse, se dirigent en courant et en chantant vers le marché de Harar.

On passe Sbilon et Comboultcha. A cette dernière station est un grand arbre isolé au bord du chemin, que nous baptisâmes « l'arbre des adieux » parce que chaque fois que l'un de nous quittait le Harar pour retourner à la côte, il était accompagné jusque-là par ceux qui restaient.

Au sommet d'une ondulation de terrain, la masse rougeâtre que forme la ville de Harar, bâtie sur une colline, apparaît dans le lointain et en contre-bas. Plusieurs fois on redescend pour remonter encore, et à chaque descente Harar disparaît pour surgir de nouveau plus rapproché après chaque éclipse.

Enfin on ne perd plus la ville de vue. Après la petitesse des villages gallas, elle apparaît assez grandiose dans son enceinte de murs. On redescend une dernière fois pour traverser un des deux ruisseaux qui entourent Harar et, remontant par une pente assez raide, on entre par une des cinq portes de la ville Bab-el-Ftouh (« porte de la Conquête »).

II. — HARAR.

La ville de Harar ou Adaré, bâtie sur une colline allongée qu'elle couvre entièrement, est entourée d'une muraille épaisse et haute d'environ 3 mètres, flanquée de tours carrées et percée de cinq portes, qui sont :

Portes. — 1° Au nord, Bab-el-Ftouh (porte de la Conquête);
2° A l'ouest, Bab-Turk (porte Turque); Bab-Abash (porte d'Abyssinie); Bab-el-Nasr (porte Chrétienne);
3° Au sud-ouest, Bab-el-Hackim (porte d'Hackim);
4° Au sud-est, Bab-es-Salam (porte du Salut);
5° A l'est, Bab-er-Rahma (porte Rahma).

La plus grande largeur de la ville est d'environ 900 mètres, sa plus grande longueur d'environ 1,300 mètres. La longueur du mur d'enceinte est de 3,200 mètres.

Enceinte. — *Fort.* — Aux saillants de cette muraille, vieille de six siècles, les Égyptiens avaient ajouté quelques parapets de terre et complété suffisamment la défense, contre des gens sans armes à feu, par la construction d'un petit fort, situé à cent mètres environ au nord-ouest de Bab-el-Ftouh, sur une colline isolée, d'où il dominait la cité et qu'ils avaient armé de deux krupps de campagne.

Des deux côtés de la ville, au nord et au sud, coulent, en dehors de la muraille, deux ruisseaux se dirigeant vers l'Est, où ils se jettent, à peu de distance, dans le Harar, rivière assez importante qui coule vers le Sud-Est.

Au sud-ouest, une grande montagne, Djebel-Hackim, domine Harar de plus de 500 mètres.

Jardins. — Tout autour de la ville, de grands jardins de bananiers alternent avec les cultures de *dourah* (sorgho) et de café.

Habitations. — La ville est une agglomération de *guimbis*, maisons rondes gallas, et de constructions carrées à terrasse, du genre arabe le plus ordinaire, faites de pierre et de terre rouge, ce qui de loin donne à la ville un ton de brique.

Sur le point culminant de la colline sur laquelle est Harar se trouve la plus grande place. Sur un de ses côtés, Raouf Pacha, qui conquit le pays en 1876, fit construire une mosquée à haut minaret. D'un autre côté, et en face, est la grande porte d'entrée d'une

caserne, au fond de laquelle se trouve encore le divan où le gouverneur rendait la justice, et derrière encore sa résidence particulière. Sur un troisième côté de la place, Raouf Pacha fit bâtir une
maison, la seule à un étage; c'est celle qui me fut cédée. J'y fis
adjoindre différentes constructions, hangar et magasins pour le service de mes affaires.

Rues. — Marché. — De la place descendent cinq rues principales, se dirigeant assez directement vers les cinq portes. L'une de
ces rues, qui aboutit à Bab-es-Salam, traverse, à mi-chemin, une
autre place où se tient un marché permanent (*souk magallah*),
marché de la ville. Autour de cette place, s'alignent quelques magasins et boutiques, où l'on vend des cotonnades, de la verroterie,
du fil de laiton et de cuivre, etc. Au temps des Égyptiens, elles
étaient approvisionnées, comme les magasins d'Égypte, de tous les
produits, vêtements, boissons, conserves, etc., nécessaires à une
garnison. Sur la place même, et dans les rues avoisinantes, se
tiennent les femmes du pays, qui viennent vendre du beurre ou
du miel logés dans des gourdes sèches, des baies de café encore
vertes que les indigènes mangent cuites dans du beurre, des
feuilles de caféiers, dont ils boivent l'infusion, des piments, du
sel, etc.

Une autre petite place, voisine du Souk, plantée de piquets
fourchus, sert d'abattoir et de marché à la viande.

En 1880, on achetait un bœuf pour 5 à 6 talaris (à l'époque
20 à 25 francs) et une chèvre et son chevreau, ou encore un
mouton, pour 5 à 6 piastres égyptiennes (1 fr. 25 à 1 fr. 50).

Commerce. — Mais le principal revenu de la région du Harar est
le café; aussi a-t-il un marché important. On exporte du Harar
de 7 à 8,000 daboulas (sacs de cuir sec) de 6 frasselchs hararis
(100 kilogrammes environ la balle) de café décortiqué; c'est donc
un total de 700 à 800 tonnes de café: cette quantité pourrait être
beaucoup augmentée.

Le tout va principalement à Zeïlah, mais on pourrait attirer sur
Djibouti la plus grande partie de ce trafic.

Les peaux de chèvres se trouvent par milliers sur le marché de
Harar. À mon arrivée, la plus grande partie des pasteurs ou cultivateurs des environs s'en vêtaient encore. Aujourd'hui ils les ven-

dent assez cher aux agents des maisons européennes et américaines qui s'y sont établis.

Les peaux de bœufs séchées, le *warz*, sorte de safran que l'on envoie au golfe Persique ou en Arabie, où il sert de teinture pour la peau, font encore l'objet d'un commerce important au Harar. Il y vient maintenant un peu d'or, d'ivoire et de civette (*zibad*).

Le pays de Harar produit du *dourah* en assez grande quantité, mais les cultivateurs ont si peu de sécurité qu'ils ne travaillent que tout juste pour eux-mêmes, de sorte que la famine existe très souvent dans un pays qui, sans être très riche, pourrait cependant produire plusieurs fois ce dont la population a besoin.

Population. — La population de la ville même est de 40,000 habitants environ; celle des pays environnants, qui de tout temps ont considéré Harar comme leur centre, qui en ont dépendu ou qui l'ont dominé, a été évaluée par les Égyptiens à 2 millions. Je ne crois pas ce chiffre exagéré si j'en juge par la densité de la population que j'ai vue circuler sur la route du sud de Harar qui mène à Boubassa, et par le nombre des villages que j'ai rencontrés.

La population de la ville elle-même constitue, pour une bonne partie, une sorte d'aristocratie. Elle prétend descendre d'exilés arabes et persans venus dans le pays vers l'an 600 de l'hégire; elle a une langue spéciale et possédait une écriture particulière qu'elle n'emploie plus. Mais la race immigrée s'est fort mélangée aux Gallas par les femmes esclaves.

Vêtements. — Les riches Hararis revêtent aux jours de fête comme les Arabes, de longues chemises et de longues robes; ils se rasent la tête et portent le turban. Les femmes ont des robes de cotonnade bleue à grande pointe rouge descendant sur la poitrine. Celles des filles sont rouges à pointe bleue, garnies souvent de broderies de différentes nuances, et qui n'ont pas d'envers. De sorte que les femmes harari peuvent mettre leurs robes tantôt d'un côté, tantôt de l'autre. Les filles ont les cheveux tressés en très petites nattes; ceux des femmes, enveloppés d'un réseau bleu, sont réunis en deux boules absolument sphériques derrière les oreilles.

Les Gallas des environs de Harar, qu'ils soient pasteurs ou cultivateurs, quelquefois les deux ensemble, sont vêtus, comme les Somalis, du tobe de cotonnade écrue très épais quand ils sont du pays, plus minces quand ils sont de provenance américaine ou indienne. A mesure que l'on s'écarte du Harar vers le Sud, les vêtements deviennent de plus en plus écourtés, et l'on rencontre beaucoup de femmes et de filles vêtues de peaux de chèvres ou de robes de cuir mince, tanné rouge et à franges, attachées juste à la hauteur des seins. Aux jours de fête, les filles placent des fleurs dans leurs cheveux en couronnes et en cimiers. Les femmes ont toujours une pièce de cotonnade bleu foncé sur la tête; aux poignets et aux bras des bracelets cylindriques, d'ivoire, de fer, de cuivre, grossièrement travaillés, quelquefois encore de verre coloré; aux oreilles, de grossiers pendants de fer, de cuivre ou d'étain, et dans les cheveux une épingle de fer, de courtes chaînettes. Les hommes ont de grands soins pour leur chevelure, non comme propreté, car ils l'enduisent de graisse et de beurre, mais ils tiennent à ce qu'aucun cheveu ne dépasse l'autre, et le tout doit faire comme une grosse perruque bien ronde et très égale tout autour de leur visage. Dans les environs de Boubassa, ils les traversent au-dessus du front d'une barrette d'ivoire. Au cou, ils portent de petits disques et des olives allongées d'ivoire, enfilées sur une lanière de cuir; au bras ils ont également des bracelets d'ivoire et de fer.

Armes gallas. — Comme arme, les Gallas n'ont qu'une lance, mais plus forte et plus lourde que celle des Somalis; à la ceinture, ils portent un couteau poignard légèrement recourbé, et, au bras, un grand bouclier rond fait de plusieurs épaisseurs de peau de bœuf, de cheval ou de mulet.

Les Égyptiens divisaient les tribus des environs de Harar en quatre groupes :

1° du Nord; 2° de l'Est; 3° du Sud et de l'Ouest.

Les tribus du Nord sont : les Molhes, qui se subdivisent en Gourgoura, Minayaah, Hellili, Mana-Abou.

Les Djarsos, qui se subdivisent en Warasya, Waraouya, Waradinka, Valabon, Dawarou, Ouramon, Waragarsou.

Celles de l'Est sont : les Guerrys, qui se subdivisent en Hawyah, Bahargoufli, Ahmet-Bedeh;

Les Babelis, qui se subdivisent en Abou, Deglou, Maich, Serreh, Moumgui, Gougoundali et Goumah, Maro, Karanli;

Les Barteris, sur lesquels les Égyptiens n'avaient que des renseignements imparfaits, et les Boursoub, qui se subdivisent en Warra-Houmi, Bendi, Sihasse, Hokeh, Legueh, Kalikouri, Sine, Warali, Anaba, Ibson, Wara-Wara, Mounou-Mohamed, Warra-Daille, Douron, Sirgal, Abou, Babou.

Celles du Sud, des Alas-Gallas, qui se subdivisent en War-Nono, War-Abado, Warabeïli, War-Kakou, War-Diramo, War-Boubou, War-Meta, War-Galane, War-Goubou, War-Eirich, War-Arrougui, War-Goutaillou.

Toutes ces populations sont musulmanes et, sauf exception pour les habitants de Harar même, sans grand fanatisme.

Les Égyptiens réunissant par centaines ceux qui n'étaient pas musulmans les menèrent à la mosquée, et leur disant qu'à partir de ce moment ils appartenaient à la religion de Mahomet.

Cependant toutes ces populations ont une vénération marquée pour le cheik Hossein. On lui a élevé des mosquées un peu partout. La plus célèbre est à quinze jours au sud du Harar, de l'autre côté du Webi Ouenah ou grand fleuve.

Cheik Hossein. — C'est au cheik Hossein que l'on demande d'envoyer de la pluie ou de préserver de la guerre et des sauterelles.

Il appartient essentiellement à l'histoire du Harar. D'après ce que j'ai pu savoir, il fut un des premiers cheiks ou rois d'Argoba, au sud de Harar; il vainquit les Ennyas et les Aroussis et gouverna leur pays. C'était un ouali (prophète); il avait la réputation de faire des miracles, et les chrétiens d'Abyssinie et les infidèles venaient eux-mêmes l'invoquer, si grande était sa réputation de sagesse et de savoir.

Ce cheik Hossein aurait, le premier et très peu de temps après l'hégire, importé le musulmanisme dans la région du Harar.

Un de ses petits-fils fut l'émir Amou, qui gouverna tous les pays de son aïeul. Il fonda chez les Alas, à deux heures de marche à l'ouest de Harar, une ville dont les ruines existent encore. On la nomme Emir Amou Magalla ou ville de l'émir Amou. A peine était-elle terminée qu'un grand chef Gamodjo (?) de Gamod (?) nommé Baro Fatanah, vint l'assiéger, la prendre et la détruire.

Amou, chassé, passa la montagne connue sous le nom de Sari Hackim, qui domine Harar, et porta son camp sur la colline qu'occupe aujourd'hui la ville.

Vers l'an 6oo de l'hégire (1 2o4), après la chute des Fatimites musulmans de la secte d'Ali, tous puissants jusque-là, un des Saladin Kalifes de Bagdad exila des tronçons de la secte fatimite, soit dans la Haute-Égypte, soit dans l'Afrique orientale.

Sous la conduite d'un chef religieux nommé Abd el Kader, quarante prêtres et cheiks furent proscrits de Bagdad avec leurs familles. Passant d'abord à La Mecque, ils traversèrent la mer Rouge et entrèrent en Afrique. Ils arrivèrent par une route du nord, probablement celle de l'Hawash, et de la plaine des Adals jusque dans les montagnes du massif de Harar, où ils trouvèrent cinq villages bien situés sur la colline où se trouve aujourd'hui la ville. Ils s'y établirent, se donnant comme envoyés de Dieu et du Prophète.

Comme les Gallas et les Abeschis (Abyssins) ravageaient et razziaient souvent le pays, ils firent une muraille englobant les cinq villages, ne laissant qu'une porte devant chacun d'eux. C'est ce qui existe encore aujourd'hui.

La colonie fortement établie, le premier soin des cheiks fut de propager de nouveau l'islamisme. Abd el Kader, voulant retourner à Bagdad, réunit dans une grande fête hors de la ville les quarante cheiks et les grands chefs des pays soumis, leur prêchant la concorde sans laquelle ils seraient victimes de tribus pillardes qui les entouraient.

Il leur recommanda expressément de venir en ce même lieu, eux et leurs descendants, arranger leurs différends d'une façon conciliante plutôt que d'en appeler aux armes, dont ils ne devaient se servir que contre les infidèles et contre les impurs.

Cet endroit, nommé Abd el Kader, est encore un lieu de pèlerinage tellement en honneur que les Égyptiens, quand ils possédaient Harar, ne manquaient pas d'y envoyer la musique et les étendards aux époques dues et aux fêtes musulmanes.

On a même prétendu qu'Abd el Kader était enterré en ce lieu, mais les ermites musulmans, assez nombreux au Harar, et les lettrés disent formellement qu'il retourna à Bagdad, où il mourut vénéré comme un saint.

Avant de quitter Harar, il obligea les quarante cheiks venus avec lui à choisir parmi eux un chef suprême. Tous ayant les mêmes droits, il fut convenu qu'on s'en remettrait au sort.

Chacun d'eux dénoua sa ceinture ou son turban, en entoura

son guimbi, maison ronde qui lui servait d'habitation provisoire : celui qui ceindrait le plus exactement sa demeure serait élu. Le cheik que le hasard favorisa prit le nom d'Aba Derh (père de la muraille); une petite coupole élevée au Harar, le rappelle à la mémoire des gens du pays.

Après lui régnèrent, dans un ordre dont il a été impossible jusqu'à présent d'établir l'exactitude, Ali Amdou, le soufi Yaya, qui fut un saint; l'aouh Saïd Ali. Son tombeau, composé de quelques pierres brutes, est au milieu de la place du marché de Harar.

La légende dit que si la ville était cernée, mais seulement dans ce cas, on trouverait sous ces pierres un puits de quarante coudées au fond duquel coule une abondante source. Tous les Hararis affirment qu'aux grandes guerres ce puits a sauvé de la soif leurs ancêtres.

De vieux habitants prétendent avoir bu de son eau, mais respectueux des recommandations de l'aouh Saïd Ali, ils ne veulent le découvrir que lorsque la ville sera investie.

Après Saïd Ali furent l'aouh Ahmed, l'aouh Kaled; puis deux chefs qui gouvernèrent ensemble : Barsoll, avec le pouvoir militaire et civil, et l'imam Ardïnh comme chef religieux.

L'aouh Idal, le cheik Othman, l'ayah Abidah (la mère qui prie toujours), qui fut d'abord porteuse d'eau qu'elle distribuait aux guerriers pendant les combats, en les excitant au massacre.

Puis l'aouh Sadick, l'aouh Younis, l'aouh Fatah, l'aouh Aftah, l'aouh Mansour, l'aouh Zaëd, l'aouh Guimalleh, l'aouh Barkadleh, l'aouh Ouanis, le cheik Ellala, l'aouh Bour Katah, l'aouh Moubareck, l'aouh Obi, l'aouh Omar, l'aouh Abbass, l'aouh Kadir, l'aouh Djafaï, l'aouh Komah Elmaïe, l'aouh Nourh, l'aouh Moktar, l'aouh Allaouï, l'aouh Eïdrous, l'aouh Limlïm, l'aouh Bazik, l'aouh Yokoum.

La tradition raconte sur ces cheiks des histoires merveilleuses; les Gallas leur attribuaient un pouvoir surnaturel.

Tous ces règnes remplirent trois siècles, pendant lesquels Harar fut le refuge du monde musulman et la ville sainte de la contrée.

En l'an 926 de l'hégire (1521) une coalition musulmane ayant à sa tête le guérad Ayoub, grand chef de Daouaro, et le sultan Abou Bekr, venu de Dakir, entre au Harar et en prend possession pacifiquement. Ahmed Gragne (le gaucher) succède en 931 (1526) au guérad Ayoub, tué à l'ouest de Harar.

Il conquiert, avec l'aide de musulmans de toutes les nationa-
lités, le royaume d'Ifat (Choa), l'Amarah et le Tigré, c'est-à-dire
l'Abyssinie actuelle de Ménélick.

Il ne revient au Harar qu'en 936 (1530). Pendant dix ans, il
guerroie pour agrandir son royaume.

En 946 (1540) il combat encore contre les Abyssins, aidés alors
de 500 Portugais, sous la conduite de Christophe de Gama, les
défait en deux combats et décapite leur chef.

J'ai vu au Harar un canon de cette expédition des 500 Portugais;
il se charge par la culasse, qui porte un logement pour un gros
coin de fer que l'on met à la main. La pièce est en bronze et pèse
environ 100 kilogrammes; le diamètre de l'âme est de 4 à 5 centimètres. Cette pièce est aujourd'hui au musée du Caire.

Ahmed Gragne fut tué au lac Tzana en 959 (1553).

Nourh, fils de Medjeh, qu'il avait laissé comme gouverneur au
Harar, lui succéda.

Nourh épousa la veuve de Gragne et régna seize années.

Il fit frapper de la monnaie d'argent; jusqu'alors, on trafiquait
par échange.

De 975 à 1057 (1568/1649) les traditions n'ont pas conservé
les noms de chefs de Harar : on sait seulement que cette période
fut mouvementée. Les Gallas, exaspérés des incursions tantôt musulmanes, tantôt abyssiniennes, s'unirent et les Hararis, pour pouvoir communiquer avec le dehors, durent nourrir les hordes gallas
qui s'établissaient tour à tour dans leurs murs.

En 1057 (1649) un émir est élu. C'est Ali ibn Daoud. Il règne
seize ans.

Depuis cette époque, la liste des émirs de Harar se succède jusqu'à l'occupation égyptienne :

L'émir Hackim, 1073-1081 (1663-1691); l'émir Abi Allah,
1081-1111 (1691-1701); l'émir Tolha, 1111-1134 (1701-1722);
l'émir Abou Bekr, 1134-1144 (1722-1732); l'émir Kalaf, 1144-
1146 (1732-1734); l'émir Ohmed, 1146-1160 (1734-1747);
l'émir Youssouf, 1160-1169 (1747-1756); l'émir Ahmed, 1169-
1197 (1756-1783); l'émir Mohamed, 1197, 4 mois 9 jours;
l'émir Abd el Chakour, 1197-1209 (1783-1795); l'émir Ahmed,
1209-1235 (1795-1822); l'émir Abder Rahman, 1235-1240
(1822-1827); l'émir Abd ul Kerim, 1240-1250 (1827-1833).

Sous le règne du dernier émir Ahmed, les Turcs, qui occupent

Zeïlah, envoient des soldats au Harar pour protéger les habitants contre les Gallas. Ils créent des postes fortifiés dans tout le pays sous la fin du règne de l'émir Abd ul Kerim; ils sont massacrés en une seule nuit. Quelques-uns des postes plus voisins de la côte essayent de regagner la mer; les Somalis les exterminent.

De 1250 à 1268 (1834-1852) règne l'émir Abou Beker.

Les Gallas continuent leurs incursions sur le territoire Harari, respectant seulement la ville moyennant tribu et les habitants qui ne font aucune résistance.

De 1268 à 1272 (1852-1856) l'émir Hamed, toujours malade, remet le pouvoir à sa femme, la très énergique Guisti Fatmah. Le cheik Mohamed Abd el Chakour, qui convoitait le pouvoir, s'enfuit chez les Gallas et les pousse à assiéger de nouveau Harar. Pendant dix-huit mois, les Gallas, soutenus par l'énergie de Fatmah, résistèrent. La mort d'Ahmed amena la fin du siège; Abd el Chakour épousa Guisti Fatmah, très aimée du peuple.

Abd el Chakour régna despotiquement jusqu'en 1291 (1875). Il fabriqua de la monnaie avec du plomb mélangé à des talaris fondus et força le cours d'une piécette (mohabak), qu'il fit frapper grossièrement à son chiffre, au taux de vingt-deux par talari. Il en aurait fallu quinze fois plus pour avoir la quantité d'argent qui compose un talari.

En 1875, le khédive envoyait Raouf Pacha conquérir le Harar. Le but de l'Égypte était de rejoindre ses possessions du Haut Nil et d'enserrer l'Abyssinie en l'empêchant de communiquer avec aucun autre pays sans passer par ses douanes.

Après la prise de possession de Zeïlah et de Berberah, Raouf Pacha arrivait devant Harar avec un régiment d'infanterie, quelques canons de 4 rayés de montagne et 250 bachibozouks (cavaliers irréguliers). Il avait traversé tout le territoire Issa sans combat et moins de trente jours après son départ de Zeïlah il put investir Harar en menaçant les portes de son artillerie. Le commandant Hassan Osman, de qui je tiens ces détails, entra dans la ville par Bab el Ftouh. Il prit possession des portes et désarma les habitants, pendant que l'artillerie, placée sur les montagnes voisines, dominait la ville. La cavalerie entra alors par Bab el Kakim.

La prise de possession établie, Raouf Pacha fit diverses expéditions chez les tribus avoisinantes. Abd el Chakour, qui essaya en conspirant de reprendre le pouvoir, fut décapité.

Raouf Pacha était un fort bon colonisateur. Il importa au Harar des animaux de basse-cour, dindons, etc., fit ensemencer des jardins de plantes maraîchères. Les officiers et soldats égyptiens purent acheter des propriétés et obtenir des concessions. La tranquillité et la paix régnèrent dans le pays, mais la domination effective de l'Égypte ne s'étendit guère à plus de quelques heures de marche de la ville.

Radouan Pacha lui succéda et fut lui-même remplacé en 1880, au mois de juillet, par Nadi Pacha et le corps d'occupation fut bien augmenté. À mon arrivée, en 1880, il comptait une brigade, soit un régiment égyptien et un régiment soudanais, deux batteries d'artillerie (canons de 4 rayés de montagne), 300 bachibozouks (cavaliers irréguliers), un peloton de chasseurs à cheval et un peloton de carabiniers casqués et cuirassés, pour produire une impression sur les indigènes.

Le total des troupes s'élevait alors de 4,000 à 5,000 hommes.

En même temps, on créa toute une administration qui occupait plus de 150 fonctionnaires, secrétaires, employés de douanes. On fit des expéditions pour soumettre le plus possible de tribus des environs de Harar. Les routes marquées sur la carte de l'état-major égyptien, jointe à ce rapport, indiquent les trajets opérés par les colonnes expéditionnaires. On laissait 1,000 hommes au Harar et les 3,000 à 4,000 autres formaient l'expédition. Mais les relations avec le dehors furent toujours peu sûres, car les Égyptiens n'osèrent jamais créer de postes autour de Harar, de sorte que la garnison fut toujours confinée dans la ville.

La zone environnant Harar a toujours été très dangereuse. En voici des exemples :

Lucereau, explorateur français, arrivé après moi au Harar, fut assassiné en octobre 1880, à Warabelli, à six heures de la ville.

En 1881, j'engageai des gens de la tribu des Nolehs et leurs chameaux pour se rendre à Boubassa, où mon agent Rimbaud était allé créer un marché. Selim Bey, gouverneur par intérim de Harar en l'absence de Nadi Pacha, alors à Zeïlah, dans sa sollicitude pour nos existences, chercha à nous dissuader, mon employé Sottiro et moi, de faire ce voyage. Il dit aux Nolehs : « Le prix de votre location de chameaux sera votre sang. » Les Nolehs me dirent que si j'y allais ils nous suivraient: nous partîmes quand même et rien de fâcheux ne nous arriva.

Quelquefois la police de Harar arrêtait des pillards qui, à dix minutes de la ville, tuaient des marchands indigènes pour les voler, puis les émasculer. Au Divan, auquel j'assistais quelquefois, je pus constater *de visu* l'odieuse coutume des Gallas, car les assassins portaient roulés dans leur tobe ces horribles dépouilles pour en faire des trophées, qu'ils attachaient à la bride de leurs chevaux ou à la porte de leurs maisons.

Les Egyptiens, dans leurs expéditions, ramenaient les chefs (bokos) des principales tribus et par leur intermédiaire ils obligeaient les chefs de village à venir au Harar.

Ils les réunissaient par centaines et donnaient à chacun un vêtement, grande souquenille arabe d'une certaine couleur suivant le commandement qu'ils leur donnaient. On les menait à la mosquée pour leur faire prêter serment de fidélité au khédive, puis une démonstration militaire était faite devant eux. Du petit fort détaché on tirait des salves d'artillerie et d'infanterie qui les terrorisaient. Je crois qu'on obligeait chaque chef à payer son vêtement ou sa nouvelle dignité.

Le gouvernement égyptien fixait le tribut à ces nouveaux chefs (douguines) pour un district. Ils avaient sous leurs ordres les guérades (chefs de villages).

Le pays Issa Somali ne payait pas d'impôts. Son chef (Ogas) était chargé d'assurer la sécurité de la route qui conduit à Zeïlah.

Malgré le peu d'action que le gouvernement égyptien avait sur les tribus qui formaient la moudirieh de Harar et malgré une administration qui laissait beaucoup à désirer, le pays prospéra de 1876 à 1884.

Les douanes rendaient assez pour que l'entretien de 4,000 à 5,000 hommes de troupes et des fonctionnaires pût se payer. Harar envoya même quelquefois au Caire des surplus d'impôts.

Les environs du Harar sont très accidentés. Les différences considérables d'altitude et les pluies fréquentes font que presque tous les genres de culture peuvent s'y faire.

Les soldats faisaient de la culture maraîchère comme en Égypte. Nous-mêmes avions un potager très bien garni de carottes, radis, poireaux, raves, pommes de terre, etc. Les pêchers, les cédratiers, la vigne y venaient fort bien.

Mais les principales cultures indigènes sont, comme je l'ai dit, le café et le dourah (sorgho).

Les champs de dourah sont labourés avec une charrue très primitive (en Harari, maharass, et konnah en Galla). Ce n'est qu'un pieu incliné, attaché par une barre au joug des bœufs, qui écorche à peine la surface du sol.

Ils cultivent aussi avec un pic droit (en Harari, maharah ; en Galla, kottah), surmonté d'une boule de pierre, et avec une pelle de bois courtement emmanchée, comme une houe. Ils ont encore une hachette (en Harari, kalkah ; en Galla, kotta) et une serpe (maïnsthia ou haïnton).

Caféiers. — Les plantations de caféiers sont une grande ressource pour les Hararis.

Elles pourraient être étendues presque indéfiniment. On trouve le café à l'état sauvage dans presque toute la région.

Pour faire une plantation de café, les Hararis choisissent un terrain susceptible d'être autant que possible aménagé en gradins. La terre légère, dans le genre de celle qui convient à la vigne, sans être trop sablonneuse ou pierreuse, est la meilleure. Après l'avoir mélangée avec du fumier, ils la remuent et l'arrosent fréquemment, l'engraissent de nouveau et l'arrosent encore.

Le terrain étant bien préparé, ils y enfoncent des baies de café (qu'ils ont, au préalable, laissées pendant quelques jours dans des cendres mouillées pour en activer la germination) et laissent entre elles un espace de 15 à 20 centimètres. Ils recouvrent ensuite les semis de paille de dourah, pour que la terre conserve toujours une certaine humidité. Ils arrosent au moins une fois par vingt-quatre heures.

Les Hararis sèment le café pendant le mois lunaire qui correspond à décembre, à cause des pluies abondantes qui suivent.

Au bout de huit à quinze jours, la pousse sort de terre. Ils l'abritent des rayons perpendiculaires du soleil au moyen d'une feuille de bananier ployée en arceau ; au fur et à mesure de la croissance, ils exhaussent cet abri. Ils arrosent souvent, sans cependant inonder ; c'est pourquoi le terrain en étages est très propice.

Dès que le plant a de 50 à 60 centimètres de hauteur, ce qui arrive le même mois de l'année suivante, ils le transplantent.

Le terrain de la plantation définitive est aussi établi, si possible, en gradins. Les arbustes sont placés à 4 mètres environ l'un de l'autre et abrités encore du soleil les premières semaines de transplantation.

Les jardins de caféiers sont très bien soignés et nettoyés constamment des plantes parasites qui pourraient leur nuire. Ils sont placés de façon que l'on puisse amener l'eau dans la partie supérieure par des rigoles qui la distribuent autour des caféiers, au pied desquels une petite cuvette a été creusée. Après trois années, le caféier donne une demi-récolte ; l'année suivante, il est dans toute sa force et produit alors jusqu'à 8 kilogrammes de café. Après cinq années de pleine récolte, les Hararis préfèrent renouveler les arbustes, soit par de nouveaux plants, soit en recourbant les vieilles souches.

Les Hararis cultivent encore le kâte, arbrisseau dont ils arrachent les nouvelles pousses pour les mâcher. Cette plante est aussi très connue dans l'Arabie du Sud, où elle est assez rare et fort chère.

Dans les fêtes et aux veillées, les Arabes mâchent les feuilles tendres de kâte, dont l'acre saveur leur procure une sorte de béate ivresse. Au Harar, où la plante est commune, les habitants font un véritable abus de cette sorte de haschich.

Le kâte est un aphrodisiaque. L'abus donne une maladie de cœur très fréquente au Harar.

III. — ITINÉRAIRES À L'INTÉRIEUR DU HARAR.

A chaque porte de la ville de Harar correspondent des routes dont les directions principales sont bien connues :

De Bab el Ftouh, par les Nollehs-Gallas et les Issa-Somalis, on va à Zeïlah-Djibouti, etc.

De Bab en Nasr, par les Alas et les Itons, on va au Choa et en Abyssinie.

De Bab el Hackim, par les Alas, on va en Aroussi-Galla.

De Bab es Salam, par l'Argoba et l'Ennya, on va également en Aroussi-Galla.

De Bab er Rahma, par les Guerris et les Gadi Boursis ou les Aber Awals, on va à la côte nord du Somal, Berberah, etc. ; et, par les Babelis, successivement en Ogaden, puis chez les Aouïas, pour aboutir à l'océan Indien.

ROUTE DE L'ENNYA.

J'ai fait cette route jusqu'à Boubassa, à environ 80 kilomètres au sud de Harar.

Quand on quitte Harar pour aller à Boubassa, on sort par la porte du sud Bab es Salam.

Pendant quelques instants on suit un chemin creux qui descend et qui se transforme en lit de ruisseau quand il pleut.

On côtoie ensuite dans une direction sud et jusqu'à Boubassa, le pied d'une ramification du massif de Harar et des Alas, derrière laquelle s'écoulent vers le sud des torrents assez forts : l'Amaresso, le Gobeïli, le Moyo, etc.

On laisse à gauche une grande et fertile vallée, où les cultures alternent avec les pâturages, qui va toujours en s'abaissant et en s'élargissant vers le sud. Dans le milieu coule le Herer, rivière assez large mais torrentielle : de l'autre côté de cette vallée on aperçoit une région de montagnes, parmi lesquelles le mont plat de Kondoudo, qui a 3,500 mètres environ d'altitude. Il sert de point de repère, mais s'abaisse et s'éloigne à mesure que l'on avance vers le sud.

A droite du sentier et à mi-coteau des collines qui forment la ramification que l'on côtoie, on aperçoit des villages ayant presque tous une enceinte de pierre.

Pendant les cinq premières heures, le chemin est assez difficile. Tantôt il monte, tantôt il descend, traverse de nouveaux torrents qui s'écoulent rapidement vers l'est pour aller se jeter dans le Herer.

On rencontre de nombreux tombeaux formés par quatre longues pierres posées sur champ en rectangle. Elles retiennent un peu de terre au milieu de laquelle est souvent plantée un petit arbrisseau.

Ces tombes ne sont pas toujours réunies en cimetière. Bien souvent elles sont isolées ou groupées par quatre ou cinq, comme des sépultures de famille.

Le pays est peu boisé, mais on y voit quelques grands arbres, dont un, qui porte par milliers de petites figues sur ses énormes branches, a des proportions colossales. Son tronc a 20 mètres de tour et sa ramification est si puissante et si régulière que, de loin, il apparaît comme une colline de verdure.

3.

Au pied d'un de ces arbres, sous lequel je m'arrêtai, coulait une source. Les indigènes attribuaient à cet immense figuier un pouvoir surnaturel, car ils venaient y prier comme en pèlerinage et cela en dehors de toute idée de musulmanisme.

Après 20 kilomètres environ, j'arrivai à Afardaba (terre rouge), petit village placé sur une éminence.

Au temps des grandes guerres de religion entre l'Abyssinie chrétienne et le Harar musulman, un roi ou chef du Choa apporta de son pays un peu de terre rouge en cet endroit, voulant dire par là que la région était sienne. De cette histoire le village a tiré son nom.

Le pays parcouru depuis Harar jusqu'à Afardaba se nomme Argoba. Les gens y ont une langue spéciale et prétendent qu'ils n'ont pas la même origine que les Hararis et que leur religion date de Mahomet.

Quand je passai à Afardaba, le pays était en fête. Des Gallas, bien campés sur d'assez beaux chevaux, faisaient assaut d'adresse et cavalcadaient à qui mieux mieux. On y fêtait un mariage et j'obtins quelques renseignements sur la façon dont les choses se passent en pareille circonstance.

Lors des pourparlers, le futur donne à sa femme deux anneaux (kobbo) plats, d'un centimètre de largeur environ, en fer forgé. Elle passe l'un au pouce et l'autre au médium de la main droite; puis deux bracelets (goutikiahs) de même métal, qu'elle place à chaque bras au-dessus du coude. Ces dons n'engagent pas définitivement. Plus tard, quand le mari prend possession de sa femme, quelquefois après cinq à six jours de fête, les époux se présentent devant le cheik ou le boko (chef de tribu). Celui-ci met au front de la femme un peu de beurre ; à son bras gauche, deux bracelets (kilkilehs) en cuivre; à son bras droit, deux bracelets de fer; dans sa chevelure, au-dessus de l'oreille droite, il plante une épingle de fer (filah ou ouassfi), assez semblable au clou d'un fer à cheval; à la tête de cette épingle pendent quatre petites chaînettes de fer.

Chez les Gallas comme chez les Arabes, l'homme achète sa femme. Quand un Galla est trop pauvre, il se rend chez le boko, qui lui fait faire des corvées et l'emploie jusqu'à satisfaction, puis il lui donne une femme et un tobe (vêtement).

D'Afardaba à Boubassa le terrain, beaucoup plus plat, va en descendant. La direction de la route est toujours vers le sud. On traverse quelques rassemblements qui sont des marchés en pleine brousse; les femmes y apportent des rouleaux de peaux de bœufs, de chèvres ou de moutons séchées, du dourah.

Enfin on tourne brusquement à l'ouest et, gravissant une pente assez raide, on arrive au plateau de Boubassa. Ce plateau est assez bien cultivé, on y voit aussi de bons pâturages. De loin en loin, quelques arbres couverts de centaines de petits nids suspendus, dans lesquels logent des milliers de petits passereaux rouges et jaunes.

Les villages nombreux, toujours formés de maisons rondes, ont une épaisse enceinte d'épines pour abriter les troupeaux, car les animaux féroces sont assez nombreux.

Les gens de Boubassa me reçurent fort bien : comme tous les Gallas cultivateurs, ils sont hospitaliers. Il n'en est pas de même des Gallas pasteurs : ceux-ci, plus indépendants parce qu'ils ont toujours la facilité de se dérober facilement en changeant de pâturages et n'ayant rien à attendre de l'étranger, supportent difficilement sa présence. Le Galla cultivateur lui-même invite le voyageur à bien se garder.

Je ne suis pas allé, dans mes voyages autour de Harar, plus loin que Boubassa, mais voici les renseignements que j'ai pu recueillir sur la route du sud jusqu'au Wabi Ouenah (fleuve immense), qui coule vers le sud-est. Le boko de Boubassa m'indiqua lui-même la largeur de ce fleuve.

La distance qu'il me montra correspondait à plus de 1,500 mètres.

De Boubassa à Ilmané, sept heures. Chef : Dallalé.

D'Ilmané à Miti, sept heures, sans eau. Chef : Digalou.

De Miti à Dallati Afata, quatre heures. Chef : Ali Gorro, homme important.

De Dallati Afata à Illo, quatre heures. Chef : Baro Boullo.

De Illo à Waldabouri, quatre heures. Chef : Ali Karkabé.

On traverse le Moyo.

Waldabouri est près du confluent du Gobeïli et du Herer.

De là à Goulfa, un jour, vers l'ouest.

Goulfa est un pays important. On y fabrique beaucoup d'objets de fer : lances, couteaux, pendants d'oreille, etc.

Il existe entre les Gallas et les Somalis, et d'autres tribus encore, des marchés dits : *marchés du silence*. A ces marchés, pendant lesquels la guerre est suspendue, les indigènes échangent sans paroles les choses dont ils ont absolument besoin. Après quelques jours, la guerre recommence. Il existe, dit-on, de ces marchés près de Goulfa.

ROUTE DU CHOA.

Cette route a été parcourue par M. Arthur Rimbaud, qui était mon employé au Harar.

M. Arthur Rimbaud, qui est mort il y a quelques années, était le poète décadent bien connu ; c'est lui qui fit le fameux sonnet sur la couleur des voyelles, si apprécié des symbolistes.

Harar à Yabatha. — Quand on quitte Harar pour aller à Antotto, une des résidences de Ménélick, roi de Choa et aujourd'hui négus d'Abyssinie, on sort par la porte de l'ouest, Bab en Nasr (porte des chrétiens). On gravit d'abord par des chemins difficiles les versants qui aboutissent au plateau d'Abado ; la route passe près des lacs Haramaya d'abord et d'Yabatha ensuite. (40 kilomètres).

Yabatha à Salanko (30 kilomètres). — On traverse la forêt de pins de Mela : c'est le point le plus élevé de la route ; l'altitude est de 2,600 mètres. Puis on passe Warabeili, où fut assassiné, en octobre ou novembre 1880, après mon départ de Harar, Henri Lucereau, explorateur français. Enfin, on vient à Salanko, champ de bataille où l'émir de Harar, après l'évacuation égyptienne, fut vaincu par les soldats de Ménélick, ce qui amena l'occupation de Harar par les gens du Choa, qui dure encore. Le gouverneur de Harar est le Dedjaz Mokonen.

Oborra. — Oborra, pays boisé, accidenté, calcaire et pauvre.

Bourka. — Vallée de Bourka, nommée ainsi d'une rivière ou torrent à fort débit qui descend à l'Ennya (30 kilomètres).

Splendides vallées couronnées de forêts, à l'ombre desquelles on marche ; caféiers. C'est là qu'Abdullahi avait envoyé quelques Turcs déloger un poste abyssin, fait qui causa la mise en marche de Ménélick, la bataille de Salanko et la prise de Harar (20 kilomètres).

Goro. — De la maison du cheik Iaha à Goro (15 kilomètres), nombreux villages. C'est le centre des Itous, où se rendent les marchands de Harar et ceux de l'Abyssinie. Il y a là beaucoup de familles abyssines musulmanes.

Wodcho. — Commencement du Chercher. On marche sur la crête d'une chaîne de collines. L'Aroussi est à gauche, parallèle à la route et plus élevé que l'Itou; ses grandes forêts et ses belles montagnes sont ouvertes en panorama. Un lac est nommé Arro. Magnifiques forêts. (3o kilomètres.)

Boroma. — Poste de 1,ooo soldats abyssins au Ras Dargué. Suite du Chercher. Altitude, 2,2oo mètres. Les cultures de l'Abyssinie sont remplacées par le dourah. Quelques plantations de café. Très beau pays cultivé. (3o kilomètres.)

Galamso. — Poste abyssin de 3oo à 4oo soldats au dedjaz Woldé Ghibril. Beau pays boisé, peu cultivé. 2,ooo mètres d'altitude. On descend rapidement par des sentiers ombragés (35 kilomètres), après lesquels on marche dans la brousse pendant 3o kilomètres par des sentiers d'éléphants.

Passage de l'Hawash. — Altitude, environ 8oo mètres; 8o centimètres d'eau. L'Hawash est très encaissé à ce passage. Toute la région, des deux côtés, se nomme Carcyou. Tribus gallas bédouines propriétaires de chameaux et autres bestiaux, en guerre avec les Aroussis.
De l'Hawash au Cassam, 2o kilomètres.

Cassam. — Source d'eau chaude, nommée Fil ouaha; 3o kilomètres à travers des broussailles et bois de mimosas peuplés de bêtes féroces. On est en pays de pasteurs, en Kouella ou terre chaude; plus de cultures.
Remontée du Cassam par une route de 25 kilomètres, déblayée sur une largeur de 10 mètres, traversant des bois de mimosas.

Mindjar. — Commencement du Mindjar; cultures nombreuses de coton. Le sol devient meilleur· le pays est encore accidenté. (3o kilomètres.)

Suite du Mindjar; grande plaine riche, soigneusement cultivée. Altitude, environ 1,800 mètres. Le Mindjar, qui la traverse, manque d'eau. On garde l'eau des pluies dans les trous. (25 kilomètres.)

Chankora. — On remonte à un plateau cultivé par le Chankora. (25. kilomètres.)

Hauteur du plateau, 2,500 mètres.

On marche avec le mont Herer au sud.

Abitchous. — Après 25 kilomètres, on arrive au village galla des Abitchous.

Akaki. — Du village à la rivière Akaki, 30 kilomètres.

Enfin, après 25 kilomètres, toujours sur le plateau cultivé, on arrive à Antotto, résidence de Ménélick.

ROUTE DE L'OGADÈNE.

Le premier Européen qui ait fait le voyage de l'Ogadène par le Harar est mon employé Sottiro ; il put parvenir jusqu'à Galdoa, en Amaden, où il resta quinze jours prisonnier.

La notice qui suit est tirée de ses rapports.

Ogadène. — Ogadène est le nom d'une réunion de tribus somale d'origine et de la contrée qu'elles occupent, et qui se trouve délimitée généralement sur les cartes entre les tribus somalis des Habr-Gerhadjis, Doulbahantes, Midjertines et Hawia, au nord, à l'est et au sud. A l'ouest, l'Ogadène confine aux Gallas pasteurs Ennyas jusqu'au Wabi et ensuite la rivière Wabi la sépare de la grande tribu des Aroussis.

Il y a deux routes du Harar à l'Ogadène : l'une par l'est de la ville, vers le Boursouque et au sud du mont Condoudo par le War Ali, comporte trois stations jusqu'aux frontières de l'Ogadène. C'est la route qu'a prise M. Sotiro, et la distance du Harar au point où il s'est arrêté, dans le Rère Hersi, égale la distance du Harar à Bioucabouba, sur la route de Zeïlah, soit environ 140 kilomètres. Cette route est la moins dangereuse et elle a de l'eau.

L'autre route se dirige au sud-est du Harar par le gué de la rivière du Herer, le marché de Babeli, les Warra Heban et ensuite les tribus pillardes somali-gallas de Hawia.

Le nom de Hawia semble désigner spécialement des tribus formées d'un mélange de Gallas et de Somalis. Il en existe une fraction au nord-ouest, en dessous du plateau du Harar, une seconde au sud du Harar, sur la route de l'Ogadène, et enfin une troisième très considérable au sud-est de l'Ogadène, vers le Sahel; les trois fractions étant absolument séparées et sans parenté apparente.

Comme toutes les tribus somalies qui les environnent, les Ogadènes sont entièrement nomades et leur contrée manque complètement de routes ou de marchés. Même de l'extérieur, il n'y a pas spécialement de routes y aboutissant, et les routes tracées sur les cartes de l'Ogadène à Berbera, Mogdischo ou Braoua, doivent indiquer simplement la direction générale du trafic.

L'Ogadène est un plateau de steppes presque sans ondulations, incliné généralement au sud-est. Sa hauteur doit être à peine la moitié de celle (1,800 mètres) du massif du Harar; son climat est donc plus chaud que le Harar. Elle aurait, paraît-il, deux saisons de pluies, l'une en octobre et l'autre en mars; les pluies sont alors fréquentes, mais assez légères.

Les cours d'eau de l'Ogadène sont sans importance. On en compte quatre, descendant tous du massif Harar; l'un, le Fafan, prend sa source dans le Kondoudo, descend par le Boursouque, fait un coude dans toute l'Ogadène et vient se jeter dans le Wabi au point nommé Faf, à mi-chemin de Moguedishou; c'est le cours d'eau principal de l'Ogadène. Deux autres petites rivières sont : le Herer, sortant également du Garso Kondoudo, contournant le Babili et recevant à quatre jours au sud du Harar, dans les Ennyas, le Gobeïli et le Moyo, descendus des Alas, puis se jetant dans le Wabi en Ogadène, au pays de Nokob; et la Dokhta, naissant dans le Warra Hebau (Babili) et descendant au Wabi, probablement dans la direction du Herer.

Les fortes pluies du massif du Harar et du Boursouque doivent occasionner, dans l'Ogadène supérieure, des descentes torrentielles passagères et de légères inondations qui, à leur apparition, appellent les goums pasteurs dans cette direction. Au temps de la sécheresse, il y a au contraire un mouvement général de retour des tribus vers le Wabi.

L'aspect général de l'Ogadène est donc la steppe d'herbes hautes, avec des lacunes pierreuses, et ses arbres, du moins dans la partie explorée par nos voyageurs, sont ceux des déserts somalis : mimosas, gommiers, etc. Cependant, aux approches du Wabi, la population est sédentaire et agricole; elle cultive d'ailleurs presque uniquement le dourah et emploie même des esclaves originaires des Aroussis et autres Gallas d'au delà du fleuve. Une fraction de la tribu des Malingours, dans l'Ogadène supérieure, plante aussi accidentellement du dourah et il y a de ci de là, quelques villages cheikaches cultivateurs.

Comme tous les pasteurs de ces contrées, les Ogadènes sont toujours en guerre avec leurs voisins et entre eux-mêmes.

Les Ogadènes ont les traditions assez longues de leurs origines. Nous avons seulement retenu qu'ils descendent tous principalement de Rère Abd Allah et Rère Ischaq (Rère signifie « enfants, famille, maison », en galla, warra). Rère Abd Allah eut la postérité de Rère Hersi et Rère Amaden : ce sont les deux principales familles de l'Ogadène supérieure. Rère Ishaq engendra Rère Ali et Rère Aroun. Ces Rères se subdivisent ensuite en innombrables familles secondaires. L'ensemble des tribus visitées par M. Sottiro, est de la descendance Rère Hersi et se nomme Malingours Ayals Oughaz Semontar, Magan.

Les différentes divisions des Ogadènes ont à leur tête des chefs nommés oughaz. L'oughaz de Malingour, notre ami Omar Hussein, est le plus puissant de l'Ogadène supérieure et il paraît avoir autorité sur toutes les tribus entre l'Haber Geradjis et le Wabi. Son père vint au Harar du temps de Raouf Pacha, qui lui fit cadeau d'armes et vêtements. Quant à Omar Hussein il n'est jamais sorti de ses tribus, où il est renommé comme guerrier, et il se contente de respecter l'autorité égyptienne à distance. D'ailleurs les Égyptiens semblaient regarder les Ogadènes (comme, du reste, tous les Somalis et Dankalis) comme leurs sujets ou plutôt leurs alliés naturels en qualité de musulmans et n'avaient aucune idée d'invasion sur leurs territoires.

Les Ogadènes, du moins ceux que nous avons vus, sont de haute taille, plus généralement rouges que noirs, gardent la tête nue et les cheveux courts, se drapent de tobes assez propres, portent à l'épaule la sigada, à la hanche le sabre et la gourde des ablutions, à la main la canne, la grande et la petite lance, et marchent en sandales. Leur occupation journalière est d'aller s'accroupir en groupes sous les arbres, à quelque distance du camp, et les armes à la main, délibérer indéfiniment sur leurs divers intérêts de pas-

teurs. Hors de ces séances, hors de la patrouille à cheval aux abreu-
vages, et des *razouas* chez les voisins, ils sont complètement in-
actifs. Aux enfants et aux femmes est laissé le soin des bestiaux,
de la confection des ustensiles de ménage, du dressage des huttes,
de la mise en route des caravanes. Ces ustensiles sont les vases à
lait bien connus du Somal, et les nattes de chameaux qui, montées
sur des bâtons, forment les maisons des *garias* (villages) passagères.

Quelques forgerons errent par les tribus et fabriquent les fers de
lances et les poignards. Les Ogadènes ne connaissent aucun métal
chez eux.

Ils sont musulmans fanatiques. Chaque camp a son *iman,* qui
chante la prière aux heures dues. Des *wodads* (lettrés) se trouvent
dans chaque tribu; ils connaissent le Coran et l'écriture arabe et
sont poètes improvisateurs !

Les familles Ogadènes sont fort nombreuses. *L'abban* de M. Sotiro comptait soixante fils et petit-fils. L'épouse d'un Ogadène
enfantant, celui-ci s'abstient de tout commerce avec elle jusqu'à
ce que l'enfant soit capable de marcher seul. Naturellement il en
épouse une ou plusieurs autres dans l'intervalle, mais toujours avec
les mêmes réserves.

Leurs troupeaux consistent en bœufs à bosse, en moutons à poil
ras, en chèvres, en chevaux de race inférieure, en chamelles lai-
tières, et enfin en autruches, dont l'élevage est une coutume de
toutes les Ogadènes. Chaque village possède quelques douzaines
d'autruches qui paissent à part sous la garde des enfants, se cou-
chent même au coin du feu dans les huttes, et, mâles et femelles,
les cuisses entravées, cheminent en caravane, à la suite des chameaux, dont elles atteignent presque la hauteur.

On les plume trois ou quatre fois par an, et chaque fois on en
retire environ une demi-livre de plumes noires et une soixantaine
de plumes blanches. Les possesseurs d'autruches les tiennent en
grand prix.

Les autruches sauvages sont nombreuses. Le chasseur recouvert
d'une dépouille d'autruche femelle, perce de flèches le mâle qui
s'approche. Les plumes mortes ont moins de valeur que les plumes
vivantes. Les autruches apprivoisées ont été capturées en bas âge;
les Ogadènes ne laissent pas les autruches se reproduire en domes-
ticité.

Les éléphants ne sont pas fort nombreux, ni de forte taille, dans le centre de l'Ogadène. On les chasse cependant sur le Fafan, leur vrai rendez-vous et l'endroit où ils sont nourris est toute la rive du Wabi. Là, ils sont chassés par les Dônes, peuplades somalies mêlées de Gallas et de Souahelis agriculteurs, établis sur le fleuve qui chassent à pied et tuent avec leurs énormes lances.

Les Ogadènes chassent à cheval, une quinzaine de cavaliers occupant l'animal en front et sur les flancs, un chasseur éprouvé tranche les jarrets postérieurs de l'animal à coups de sabre.

Ils se servent également de flèches empoisonnées. Ce poison, nommé *ouabaïe*, employé partout le Somal, est formé de racines pilées et bouillies; nous vous en envoyons des échantillons.

Au dire des Somalis, le sol aux alentours de cet arbuste est toujours couvert de dépouilles de serpents, et tous les autres arbres se dessèchent autour de lui. Ce poison n'agit d'ailleurs qu'assez lentement, puisque les indigènes blessés par ces flèches (car elles sont aussi armes de guerre) tranchent la partie atteinte et restent saufs.

Les bêtes féroces sont assez rares en Ogadène. Les indigènes parlent de serpents; une espèce à cornes serait si venimeuse qu'elle tuerait de son souffle seul. Les bêtes sauvages les plus communes sont les gazelles, les antilopes, les girafes, les rhinocéros, dont la peau sert à la confection des boucliers. Le Wabi a tous les animaux des grands fleuves, éléphants, hippopotames, crocodiles, etc.

Il existe chez les Ogadènes une race d'hommes regardée comme inférieure et assez nombreuse, les Mitganes. Ils semblent tout à fait appartenir à la race somalie, dont ils parlent la langue. Ils ne se marient qu'entre eux. Ce sont eux surtout qui s'occupent de la chasse des éléphants, des autruches, etc. Ils sont répartis entre les tribus et en temps de guerre réquisitionnés comme espions et alliés. L'Ogadène mange l'éléphant, le chameau et l'autruche; le Mitgane mange aussi l'âne et les animaux morts, ce qui est un péché.

Ces Mitganes existent et ont même des villages fort peuplés chez les Dankali de l'Hawash, où ils sont chasseurs renommés.

Une coutume politique et une fête des Ogadènes est la convocation des tribus d'un certain centre chaque année à jour fixe.

La justice est rendue en famille par les vieillards et en général par les *onghaz*.

Les routes générales d'importation vers l'Ogadène sont :

Au nord-est de Barbera par les Habr-Awal; au sud-est de Moguedisho et Brawa par les Somalis de ces ports (mélangés d'Arabes, Gallas et Souhaelis) et les Habr-Braouas.

Les marchandises d'importation pour l'Ogadène sont les *sheetings*, de fabrication américaine et anglaise, nommés *abou guedid* et *wilayeti*; quelques espèces de tobes rayés, nommés *taouachis*, *aïtabanho*, *keïlis*, *boredjis*, et plusieurs espèces de cotonnades légères teintes en indigo, nommées *dibbani*, *mokhooui*, *bengali*, *labatboorand*, etc. Ces dernières étoffes servent à envelopper les coiffures des femmes. Quelques perles et du tabac complètent la liste des denrées d'importation dans l'Ogadène. Les mêmes marchandises sont importées des ports de la côte de Berberah et de ceux de la mer des Indes.

La monnaie est entièrement inconnue dans toute l'Ogadène et les transactions entre les indigènes ne sont que des échanges de bestiaux; avec les étrangers elles se font par le moyen des marchandises ci-dessus énumérées.

L'Ogadène possède le sel en vastes plaines salées s'étendant près du Wabi, en dessous d'Eimeh; ce sel s'exporte même chez les Gallas, et il en est venu quelquefois au Harar.

Les colporteurs de l'extérieur entrent dans l'Ogadène transportant leurs quelques marchandises à dos de chameau ou d'âne, ou même à l'épaule, et circulent ainsi de *garia* en *garia*, guidés par leur *abban*, qu'ils changent de tribu en tribu. Ce guide, ou *abban*, prend son salaire ou droit en marchandises du colporteur, et prend courtage du vendeur et de l'acheteur à la fois dans les opérations mercantiles qui se font devant lui. L'*abban* est toujours un homme recommandable et connu dans les deux tribus; il est votre garantie dans la tribu et sur la route, et il répond également de vos faits et gestes dans la tribu. On peut changer une dizaine de fois d'*abban* avant le Wabi, et un *abban* spécial passe le Wabi en radeau avec le voyageur jusqu'à la rive Aroussi. Hors de ce mode de circulation, il est impossible de parcourir l'Ogadène. Mais en choisissant bien ses *abbans*, en suivant leurs conseils et en marchant selon les coutumes politiques et religieuses et le caractère des indigènes, nous sommes convaincus qu'un Européen, se présentant comme marchand et sans se presser, franchirait aisément en deux ou trois mois tout le continent de Harar à Braoua par la route des Ogadènes.

Les exportations de l'Ogadène sont les plumes et l'ivoire. Rere-Baawadleh, au sud-est, est le marché le plus fréquenté des plumes, dont il sort une importante quantité par les ports du golfe d'Aden, comme par ceux de la mer des Indes.

L'ivoire débouche des Gallas Aroussis par Eimeh, point situé sur la rive gauche du Wabi. Tout le long du Wabi s'exportent aussi, par l'Ogadène, une quantité d'esclaves gallas pour le Sahel.

Une certaine quantité de peaux de bœufs arrivent également à Berberah de l'Ogadène.

A Galimaïz, pays de Nokob, au confluent de la Dokhta et du Wabi, on vient chercher les peaux de chèvres et la myrrhe.

Les produits de l'Ogadène supérieure arrivent habituellement à la fin de l'année à Boulaar Berberah.

Quelque café arrive peut-être aussi à Berberah des Aroussis par l'Ogadène. On nous dit même que les Ogadènes riverains du Wabi ont quelques cultures de café.

Les Hararis vont chercher en Ogadène des bestiaux et de la graisse, et y envoient quelques cotonnades, des chevaux entiers, des mulets, etc. Les douanes du Harar n'ont jamais reçu d'entrées de plumes de l'Ogadène. Les Ogadènes mêmes sont peu nombreux au Harar.

Quelques autres expéditions, soit sur le Darimon, chez les Guerris, soit d'autres côtés, ont été faites par mes employés, par mon frère Pierre, qui a stationné aussi deux années au Harar, ou par moi-même. Elles sont peu importantes et ne s'étendent pas très loin. Partout le terrain est très accidenté et les populations gallas qui l'occupent sont à peu près les mêmes que celles dont j'ai parlé. Elles ont à peu près les mêmes coutumes et les mêmes usages.

ÉVACUATION ÉGYPTIENNE.

Après les événements d'Égypte de 1882, l'Angleterre obligea les Égyptiens à évacuer le Harar, Berberah et Zeïlah : le colonel Hunter, le major Heath, etc., furent chargés d'opérer cette évacuation.

L'intention évidente de l'Angleterre était de se substituer aux Égyptiens en mettant l'ancienne colonie égyptienne en *subsidiaire alliance* suivant son terme. La conduite de l'émir Abdulahi au Harar au moment du départ des dernières troupes égyptiennes déjoua ces plans. Ayant imprudemment provoqué le roi Ménélick en chassant, comme je l'ai déjà dit, ses soldats d'un poste établi à 100 kilomètres à l'est de Harar, il dut, pour essayer d'arrêter les troupes de Ménélick, combattre à Salanko (60 kilomètres à l'ouest de Harar).

Il fut vaincu, ses soldats furent massacrés, et lui-même dut fuir chez les Guerris.

Depuis cette époque, 1886, c'est le ras Makonen, cousin de Ménélick, qui gouverne le Harar.

Je ne puis mieux faire que de donner ici copie des lettres de mes agents au Harar se rapportant à cette période de l'histoire du Harar.

TRADUCTION DE DIVERSES LETTRES ADRESSÉES À M. ALFRED BARDEY PAR SES AGENTS AU HARAR, RELATIVEMENT À L'ÉVACUATION DU PAYS PAR LES TROUPES ÉGYPTIENNES.

Harar, le 30 novembre 1884.

A l'arrivée au Harar du délégué anglais avec S. E. Radouan Pacha, on a de suite élargi un groupe de prisonniers politiques, desquels était Gibril, sultan des Guerris. Le jour même on le couronna chef suprême de ses tribus. On le revêtit de ses insignes; mais le malheureux ne jouit pas de son rang; il tomba malade et mourut la même nuit. Son frère lui succéda immédiatement...

Radouan Pacha lança un ordre du jour enjoignant à toute la population de la contrée et à ses autorités, cheikhs, douguines, guerades, d'obéir aux ordres du délégué anglais et de se mettre entièrement à sa disposition. L'ancienne maison de Raouf Pacha est devenue la demeure du consul anglais et le drapeau britannique y flotte continuellement.

On dit que, l'évacuation des troupes égyptiennes terminée, Abd Allah, l'un des fils du dernier émir exécuté par les Égyptiens, sera investi officiellement du pouvoir par eux, et que l'arsenal lui sera abandonné. En conséquence, apparemment, à l'arrivée d'un second délégué anglais avec des fonds et une escorte de seulement dix cavaliers, on s'est mis à enrôler des soldats indigènes avec une paye mensuelle de quinze roupies, et on a réussi à former ainsi en quelques jours une troupe d'une centaine d'hommes, Somalis et Hararis. En outre, à dater d'aujourd'hui, on abolit les droits d'octroi et de douane. Cependant les Hararis sont fort loin de se rassurer en voyant partir la troupe égyptienne, bataillon par bataillon, sans qu'une autre force ou autorité vienne la remplacer. Le futur émir, abandonné à ses propres forces, serait incapable de sauvegarder sa propre personne.

On nous raconte bien que l'occupation anglaise sera prochaine, mais nous ne voyons rien se mettre en route, ni même débarquer à Zeïlah. Nous nous attendons donc à nous trouver dans quelques semaines dans une position très dangereuse, quoique nous ayons encore peut-être l'espoir de voir repasser par ici le major Hunter, résident politique d'Aden, qui a mis tout ce mouvement en train, et qui tient la clef de nos destinées, à nous autres négociants, comme au reste de la population de cette colonie, sans daigner nous avertir des éventualités qu'il fera naître.

L'Administration met en vente le dourah des greniers publics à une demi-piastre la *caravan*, et une masse de mobilier tel que selles de chevaux et de mulets, chaussures, etc., transporté autrefois à grands frais dans cette lointaine colonie. Tous les officiers, forcés de partir, et qui étaient, après dix ans de séjour, devenus propriétaires et chargés de famille, ont abandonné leurs meubles et immeubles pour rien aux indigènes, et, pour accélérer l'évacuation, on leur a donné des «bons de propriétés au Harar», qu'ils ne trouveront naturellement à se faire rembourser nulle part.

Pour nous, négociants égarés dans cette colonie, à la suite des troupes égyptiennes, qui mettaient en circulation dans le pays une dizaine de millions de piastres par an, il est fort probable que, l'évacuation terminée sans que les Anglais aient le pouvoir ou le vouloir d'étendre leur protection sur la contrée, nous n'aurons qu'à incendier nos magasins et à battre en retraite aussi prestement que possible vers la côte. Le séjour nous sera rendu impossible par la révolte certaine et immédiate des tribus gallas et somalies environnant la ville du Harar, qu'elles assiégeaient presque perpétuellement avant l'arrivée protectrice des Égyptiens. En outre, le transport des marchandises et la circulation même seront de suite entravés sur la route du Harar à la côte.

Enfin la ville du Harar, capitale de la populeuse contrée du Harar, réclame énergiquement une protection armée; on sait la France voisine, par sa colonie d'Obock, son intervention au Harar serait cordialement acceptée.

Harar, le 15 décembre 1884.

Les deux délégués anglais au Harar font depuis quelques jours réparer les forteresses et déblayer la route de Ballaourah. C'est peut-être bon signe. On continue aussi à enrôler des soldats hararis et somalis. On nous annonce même toujours le débarquement prochain des Anglais à Zeïlah, et le règlement définitif de notre question à l'arrivée du major Hunter d'Aden, attendu en silence et probablement en vain par notre population.

Hier, 14 décembre, est mort Abou Bekri, l'un des fils du dernier émir.

A la descente des dernières troupes, les Somalis ont tué à Ansa quelques Turcs et un Indien qu'ils ont surpris désarmés.

Nous commençons à comprendre que toutes ces manières des agents anglais, réparations des forts et de la route et le reste, n'ont d'autre but que d'endormir les craintes de la population tout en hâtant l'évacuation des troupes égyptiennes, pour nous abandonner définitivement au gouvernement d'un émir quelconque.

Janvier 1885.

La troupe égyptienne a pris son parti de quitter cette colonie le plus tôt possible et nous craignons de tomber fort prochainement sous l'autorité de l'émir, qui sera probablement Abdallahi. Avant-hier on a emprisonné Ali Abou Beker, frère du défunt émir, et avec lui cinq ou six des principaux agitateurs de la contrée. El-Hadji Ioussouf Barkatly, ancien shérif des négociants indigènes, et par conséquent le principal marchand d'esclaves, a déjà été exilé à Zeïlah, et on cherche par ces mesures à prévenir les intrigues lors de la nomination ou de l'élection prochaine de l'émir.

Il se peut donc que nous devenions prochainement sujets gallas, rassurés d'ailleurs en ce cas depuis que l'évêque catholique au Harar, Mgr Taurin, est parvenu à convertir au christianisme un certain nombre de familles des Gallas Nollis entre autres. La mission a aussi établi des postes dans les Gallas du Sud, dans le Boubassa et l'Ennya, et en cas de danger nous pourrions nous réfugier là.

Les délégués anglais font toujours élever hors de la ville des batteries sans canons et sans artilleurs; chacune de ces batteries recevra par la suite, disent-ils, une garnison de dix soldats indiens, et le nombre même de ces forts sera de dix. Cependant les terrassements de l'un d'eux, au sommet du mont Hakim, lequel commande la ville, emploie deux mille hommes, payés journellement une roupie. Quand les Gallas auront fini de mettre la moisson en silos, ils pourront venir se faire des rentes aux travaux de ces forteresses.

4

Au dernier moment, on publie que l'élection d'un émir issu de la famille princière sera décidément abandonnée aux votes de la population du Harar, et peut-être même des tribus gallas voisines de la ville.

Harar, 11 janvier 1885.

Les troupes égyptiennes rentrent aujourd'hui de l'expédition des Babilis; de ce côté elles s'étaient avancées jusqu'aux tribus du Boursouk, où elles ont incendié de nombreux villages. Cette sortie avait été provoquée par un vol de bestiaux de la troupe dans le district de Babili, et dans le Boursouk par le pillage par les paysans d'une caravane de cotonnades aux Habr-Awal; on a brûlé les cases et les cotonnades dedans.

Au retour de ces razzias, Radouan Pacha a fait emprisonner et passer à la courbache tous les Douguines du Harar, les condamnant, en outre, chacun à une amende de 200 dollars pour les exactions commises au gouvernement des districts gallas. Hadj Ioussouf Barkatly, chef des négociants du Harar, est exilé à Zeïlah, et son fils, *douguine* de la *moudiria* de Boubassa, passe à la courbache après avoir payé une amende de 200 dollars. Il paraît cependant que ces concessions n'ont pas réussi à concilier les Gallas; toute la troupe doit faire une seconde sortie, dans la quinzaine, sur les Alas-Boubassa, soulevés.

Les délégués anglais ont déjà dépensé 8,000 roupies en cadeaux préliminaires à l'oughaz des Issas. pour obtenir une partie des chameaux nécessaires à l'évacuation. Dans ces circonstances, l'oughaz a aussi établi à son profit un droit d'un dollar sur chaque chameau loué par les négociants. Mais les roupies des Anglais ne suffisant déjà plus aux Bédouins, le transit de nos marchandises vers la côte se trouve de leur fait complètement arrêté. Les délégués anglais continuent à former une milice provisoire avec tous les bandits du pays. Après le départ du Pacha avec le reste des troupes, dans deux ou trois mois, nous verrons comment ces nouveaux cipayes pourront tenir contre les Gallas, toujours prêts pour l'attaque dès que leurs récoltes sont mises en silos.

Les guerres continuellement renaissantes entre les diverses tribus somalies des routes de la côte les rendront de nouveau impraticables. Il est même probable que la tribu des Issas, qui tient à présent la route de Zeïlah, sera refoulée par les Gallas et les Gadiboursis, et la marche des caravanes redeviendra aussi peu sûre qu'avant l'occupation égyptienne.

Harar, 25 février 1885.

Le 20 février, le second résident anglais au Harar, selon les ordres récents du Caire, a rappelé à Radouan Pacha qu'il doit être descendu à Zeïlah pour le 15 mars avec le reste des troupes égyptiennes. Cet agent politique anglais, nommé Piten, restera seul ensuite au Harar avec le nouvel émir et la troupe indigène, composée d'environ cinq cents Gallas et Somalis.

M. Piten nous déclara le même jour que le Harar ne serait jamais occupé militairement par les Anglais. Sur cette déclaration, en contradiction avec ce qu'on nous faisait jusqu'alors supposer, nous, les négociants et agents commerciaux des maisons d'Aden, ainsi que la mission catholique, rédigeâmes en français et adressâmes à S. E. Radouan Pacha la protestation suivante :

« Ayant été informés en août 1884 que le Gouvernement décidait l'évacuation militaire du Harar, nous adressâmes alors au gouverneur Ali Reda Pacha une protestation où nous demandions que nos intérêts ne fussent pas laissés sans défense, et, en réponse, le Gouvernement du Caire déclarait au représentant italien que les négociants n'avaient rien à craindre, le Harar ne devant pas être abandonné sans gouvernement aux mains des Gallas.

« Cette déclaration et les assurances de l'autorité au Harar nous engagèrent à continuer nos affaires, persuadés qu'à l'administration égyptienne succéderait ici un gouvernement promettant des garanties suffisantes de sûreté, et tout faisait croire à la probabilité de l'occupation anglaise.

« A présent on nous apprend que le pouvoir absolu sera remis à un émir qui aura la haute main sur nos existences et nos biens, et qui ne pourra disposer à notre secours que d'une faible troupe de volontaires indigènes. Si quelqu'un peut considérer ces garanties comme suffisantes, pour nous, qui connaissons bien le pays et ses mœurs, nous ne voyons qu'un danger de plus dans cette milice noire.

« Les haines séculaires des Somalis et des Gallas rallumeront entre eux une guerre implacable, et la route de Zeïlah redeviendra impraticable. Même à l'intérieur de la ville du Harar; nous courrons tous les jours le risque d'être pillés et assassinés.

« Nous demandons donc qu'avant d'évacuer complètement on nous laisse le temps de liquider nos affaires, et qu'on cesse de nous enlever le moyen de transporter nos marchandises à la côte, comme on l'a fait jusqu'ici en empêchant les Issas de nous louer des chameaux.

« Si l'évacuation précitée des troupes égyptiennes nous oblige à quitter le pays, en abandonnant nos intérêts, nous rendrons le Gouvernement égyptien responsable de tout le préjudice à nous causé par ce fait. »

M. Piten, confiant dans l'effet du drapeau britannique arboré sur sa résidence, nous assure toujours que nous sommes parfaitement en sûreté et nous n'en sommes nullement convaincus. Nous avions pensé à sortir du Harar et bâtir un marché en pierre à Ballaouah, où nous resterions sous la protection des Nollis, mais on ne s'est encore arrêté à aucun parti. Notre danger croît journellement.

Les explorateurs autrichiens sont arrivés au Harar, il y a deux jours (le 20 février). Ils ont l'intention d'explorer la route du Harar à l'Hawash par les Gallas-Stou, mais ils ne trouvent pas de guide actuellement. Ils désireraient aussi visiter le marché de Golfa, à cinq jours du Harar, sur le fleuve Wabi, qui divise en ce point les tribus Aroussi et Ennya. Avant-hier, ils ont fait une excursion aux petits lacs du Warra-Abado, à quelques heures à l'ouest du Harar, dans les Gallas-Alas, sur la route de Warra-Abeili. Ils n'ont pas fait d'autre sortie du Harar, où ils recueillent des renseignements géographiques généraux sur la contrée.

Le directeur de l'expédition, le baron Kamerer avec le professeur Paulieske, se promenant un soir autour des remparts, a été attaqué et appréhendé à a jambe par une hyène qu'il a tuée à coups de sabre. L'expédition est ogée dans la maison d'un agent d'une maison américaine d'Aden.

Harar, le 19 avril 1885.

Les piastres ont toujours cours au taux de 17 1/2 par dollar, et elles doivent rester par la suite la monnaie fractionnaire de la contrée. Les roupies introduites dernièrement par les Anglais sont encore mal reçues, et nous les changeons quelquefois à 7 piastres et demie. Il est probable que, sous le gouvernement de l'émir, le commerce reprendrait principalement par échanges, comme primitivement. Mais pour le moment, l'émir n'est encore qu'une figure sans influence.

Avant-hier, le major Piten est retourné du Guerri, où il était allé, à la tête de la petite troupe indigène, pour régler quelques différends entre les tribus. Ils ont laissé ce point pacifié.

Il paraît qu'on abandonne à l'émir du Harar deux grands canons krupp, quelque cinq cents fusils et une masse de munitions, sans compter les propriétés du Gouvernement et les approvisionnements de dourah.

Nous sommes tranquilles pour le moment et rien ne fait présager autrement, même pour après le départ prochain du Pacha. Il paraît même que la police de la route va être faite par quelques soldats indiens et somalis. On bâtit une forteresse à Geldeïssa.

Mᵍʳ Taurin est continuellement en tournée évangélique chez les Gallas. Il a établi trois missions dans le Nolli, et d'autres dans le Garso, à Boubassa, dans l'Emya et à Warabeïli.

Au dernier moment, le Gouvernement met en vente quarante mille ardebs de dourah du principal grenier. Les Grecs avaient offert 4 paras de la caravane (vingt caravanes par ardeb), mais ensuite le Gouvernement a fait vendre en détail. La caravane se vend au marché 20 paras.

Harar, 3 mai 1885.

Le Pacha part vers la fin du mois; il en a lui-même prévenu Monseigneur. Quelques centaines de mille caravanes de dourah ont été vendues par l'Administration à nos négociants, à 10 paras la caravane.

Il y a eu quelques meurtres d'Habr-Awals par les Issas sur la route de Zeïlah. Les Issas détestent particulièrement les Habr-Awals, qui ne veulent pas payer les droits d'*abban*, ni louer des chameaux.

Notre consul, major Piten, est rentré hier d'une sortie armée sur le Nono-Galla. A la tête de la troupe indigène, il était arrivé là en deux jours. Mais il est retourné en grande hâte, abandonnant aux Gallas les chevaux et les mulets de la troupe, ainsi que son propre fusil et sa tente. Il paraît que l'on n'a tué personne, mais, dans la bousculade, les chevaux ont eu peur des coups de fusil, et cavalerie et infanterie de chaque parti se sont mises à fuir dans toutes les directions.

La douane du Harar est de 5 pour 100, entrée et sortie, et le change des monnaies, sans variation.

Aujourd'hui l'oughaz des Issas a l'air d'un sultan. Les Somalis sont redevenus les seuls maîtres de leur route et tout devra marcher comme ils le voudront.

Harar, le 25 mai 1885.

Le 20 mai passé a eu lieu le couronnement du nouvel émir du Harar, Abd Allah Ali, assisté de ses quinze frères, armés de sabres et revêtus d'immenses tobes de madapolam, et en présence du Pacha et du consul anglais, en tenue officielle. Dans la cour du Divan avait été disposée une estrade couverte de tapis, sur laquelle monta le bachi kateb égyptien pour lire le firman du khédive, conseillant spécialement au nouveau souverain de protéger le commerce et de garder la patrie de l'invasion. Sur ce, aux cris de la population acclamant l'émir, le drapeau vert du défunt émir Abd el-Chakour fut hissé sur le Divan, à la consternation du consul anglais qui comptait fermer le Divan immédiatement et gouverner au nom de son Gouvernement; et après les prières de grâces à la coupole de l'illustre Abader et à l'antique mosquée des émirs, Abdallah Ali entra et vint

— 54 —

siéger au Divan en place du Pacha, résolu à gouverner seul, comme le lui
accorde le firman, et sans aucune intervention du consul anglais. Il est
certain que, la troupe indigène étant toute du côté de l'émir et maîtresse
des forts, de l'artillerie et des munitions, le consul anglais sera expulsé
s'il ne prend le parti de se taire. Pour les négociants étrangers, l'émir les
recommanda à la bienveillance de la population dans son allocution publique. Les premiers efforts de notre pieux souverain ont tendu à la ré-
pression de l'ivrognerie, et il a subitement prohibé, sous peines d'amende
et coups, la fabrication de la *bouza* (bière indigène de dourah).

Harar, 31 mai 1885.

Le Pacha est parti le 28.

Le lendemain de son départ la paix publique était déjà fort troublée. A
Bab-Salam, la porte du Sud, un soldat somali, dans une rixe, assassinait
un Galla à coup de fusil. Le consul anglais, prévenu le premier, se mit à
ramasser la force armée à pied et à cheval, et courut à la porte, qu'on
disait déjà près de céder sous l'attaque des Gallas. A la vue du transport
des caisses de cartouches, nous fermâmes nos maisons en hâte et nous nous
mîmes sur la défense. Un peu en retard aussi, notre émir monta à cheval
et se précipita dehors à la tête de ses kaouasses et de quelques cavaliers
turcs à son service, résolu à inaugurer glorieusement son règne. Alors
nous vîmes rentrer en ville l'officier britannique, restituant ses troupes à
l'émir.

On avait couru jusqu'à deux heures de la ville, à Soufi-Yaya, et l'on
n'avait rencontré personne.

Harar, 10 juin.

Aujourd'hui les deux délégués anglais ont quitté le Harar. Ils ont emporté leur drapeau et s'en retournent à Berberah par l'Habr-Awal. Le pays
est tranquille.

Le nouvel émir préside les tribunaux et gouverne avec conviction. Il
abhorre la perspective d'une occupation européenne du Harar. Les *doguines*
(préfets) de ses amis administrent encore la plupart des cantons gallas
environnants. L'émir cherche principalement à s'accorder d'abord avec les
Issas pour le règlement des tarifs de transports et la police de la route de
Zeïlah où des détachements de la garnison somalie de Zeïlah accompagnent
toujours les caravanes.

On n'a laissé au Harar que trois cents fusils avec munitions et deux canons.

Harar, 20 juillet 1885.

La situation sous le nouvel émir se dessine mal. La population, livrée à elle-même, est fanatisée au dernier point. Nous nous trouvons déjà comme prisonniers dans la ville, sans liberté d'envoyer ou de recevoir des postes, avec défense même de sortir de l'enceinte fortifiée du Harar. La tribu des Guerris, la première sur la route de Bederah, s'est détachée de notre administration. Les Gallas-Nonos, à l'ouest, restent rebelles. Notre émir, qui ambitionnait la lieutenance du madhi de ces côtés, a formé le projet de soulever les populations soumises contre les tribus des Gallas infidèles; une grande sortie vers l'ouest doit avoir lieu après le ramadan. Mais il est certain que si les Hararis sont refoulés dans leur ville, elle sera de suite saccagée par les Gallas.

On est d'ailleurs résolu à résister sérieusement à toute tentative possible d'occupation européenne.

La liberté du commerce des esclaves est déclarée.

On n'écoute plus les conseils par correspondance du gouvernement d'Aden et l'on cherche un moyen d'expulser de Geldeïssa le poste indien laissé là par les Anglais. Les Gallas-Nollis ont reçu la défense de ne laisser passer aucun Européen ou Turc cherchant à entrer au Harar.

On cherche aussi à faire entrer l'oughaz des Issas dans cette ligne, mais celui-ci a l'air de vouloir préférer les roupies des Anglais, qui continuent à accompagner les caravanes sur la route de Zeïlah.

Enfin, à la décrue de l'Hawasch, dans quelques mois, on nous prédit comme certaine une invasion abyssine dans les Gallas-Itous et jusqu'au Harar[1].

---

[1] Cette invasion s'est effectuée en 1885 après la bataille de Salanko, à 5o kilomètres à l'ouest de Harar, où les troupes de Ménélick anéantirent celles de l'émir du Harar.

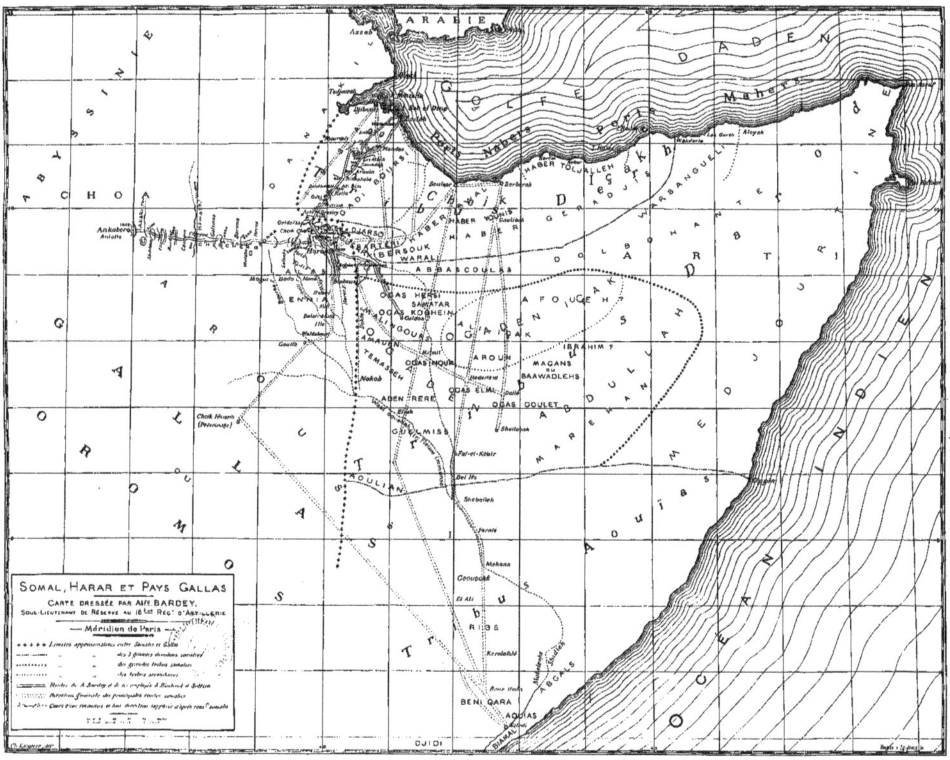

ARABIE
ABYSSINIE
CHOA
GOLFE
ADEN
Mahers
HABER TOLJALLEH
GERAD
WARSANGUELI
Baïs Nahers
Berbérah
Ankobera
Aliotte
DJARSO
HABER
BERSOUK
WARAL
ABBASCOULKa
GALLA
OROMO
OULLAS
OGAS HERTA
SAMATAR
OGAS KOGHEIN
OULGOURS
AMAUN
TEMASSEN
OGAS INOUR
AROUN
Nokob
OGADEN
OGAS ELMA
ADEN RERE
AFOUGEH
MAGANS
ou
BAAWADLEHS
IBRAHIM
OGAS GOULET
ABDULLAH
MAREHAN
DOLBAH
GERAOJTE
DJOURI
OCÉAN INDIEN
GUILMISS
Fai-el-Kébir
Bei Ifo
Shebelleh
Jarati
Mekana
Géoubbat
El Ali
RIOS
Kerelahlé
ABGALS
BENI OARA
AOUIAS
DIAMAL
DJIDI
Cheik Hosein
(Pèlerinage)
Goulib

SOMAL, HARAR ET PAYS GALLAS
CARTE DRESSÉE PAR AIM. BARDEY.
SOUS-LIEUTENANT DE RÉSERVE AU 18 Reg.t D'ARTILLERIE
— Méridien de Paris —
Limites approximatives entre Somalis et Gallas
des 3 grandes divisions somalies
des grandes tribus somalies
des tribus secondaires
Routes de A. Bardey et de ses employés A. Rimbaud et Sottiro
Directions générales des principales routes somalies
Ch. Lausure del.t